Mit Druck richtig umgehen

Friedel John und
Gabriele Peters-Kühlinger

2. Auflage

Haufe

Bibliografische Information der Deutschen Bibliothek

Die Deutsche Bibliothek verzeichnet diese Publikation in der Deutschen Nationalbibliografie; detaillierte bibliografische Daten sind im Internet über http://dnb.ddb.de abrufbar.

ISBN 3-448-07335-0
Ab 1.1.07: 978-3-448-07335-5
Bestell-Nr. 00818-0002

1. Auflage 2004 (ISBN 3-448-06228-6)
2., durchgesehene Auflage 2006

Postanschrift: Postfach, 82142 Planegg
Hausanschrift: Fraunhoferstraße 5, 82152 Planegg
Fon: (0 89) 8 95 17-0, Fax: (0 89) 8 95 17-2 50
E-Mail: online@haufe.de
Internet: www.haufe.de
Redaktion: Jürgen Fischer
Lektorat: Dr. Ilonka Kunow, München
Redaktionsassistenz: Christine Rüber

Hinweis: Wenn in diesem TaschenGuide von Mitarbeitern, Kollegen oder Partnern die Rede ist, geschieht dies zugunsten der besseren Lesbarkeit und Textkürze. Selbstverständlich sind immer Männer und Frauen gleichermaßen angesprochen.

Umschlaggestaltung: Simone Kienle, 70182 Stuttgart
Umschlagentwurf: Agentur Buttgereit & Heidenreich, 45721 Haltern am See
Druck: freiburger graphische betriebe, 79108 Freiburg

Zur Herstellung der Bücher wird nur alterungsbeständiges Papier verwendet.

TaschenGuides – alles, was Sie wissen müssen

Für alle, die wenig Zeit haben und erfahren wollen, worauf es ankommt. Für Einsteiger und für Profis, die ihre Kenntnisse rasch auffrischen wollen:

- Sie sparen Zeit und können das Wissen effizient umsetzen.
- Kompetente Autoren erklären jedes Thema aktuell, leicht verständlich und praxisnah.
- In der Gliederung finden Sie die wichtigsten Fragen und Probleme aus der Praxis.
- Das übersichtliche Layout ermöglicht es Ihnen, sich rasch zu orientieren.
- Schritt-für-Schritt-Anleitungen, Checklisten, Beispiele und hilfreiche Tipps bieten Ihnen das nötige Werkzeug für Ihre Arbeit.
- Als Schnelleinstieg in ein Thema ist der TaschenGuide die geeignete Arbeitsbasis für Gruppen in Organisationen und Betrieben.

Ihre Meinung interessiert uns! Mailen Sie einfach an die TaschenGuide-Redaktion unter online@haufe.de.
Wir freuen uns auf Ihre Anregungen.

Inhalt

Vorwort

Zeitdruck, hohe Leistungserwartungen, unfaire Konkurrenten, die Angst vor Fehlern oder Konflikte mit dem Vorgesetzten – unser modernes Berufsleben setzt uns in vielerlei Hinsicht einem enormen Druck aus. Und leider wird es ein Leben ohne Druck nie geben: Auch im Privatleben kommt es immer wieder zu Situationen, die uns belasten – und sei es nur der unliebsame Nachbar, der uns mit seinem Verhalten regelmäßig vor den Kopf stößt.

Dieser TaschenGuide möchte Ihnen in solchen Situationen helfen. Dabei wollen wir keine Patentrezepte anbieten, wie Sie Stress bewältigen – denn dazu gibt es bereits unzählige Bücher auf dem Markt. Vielmehr wollen wir Ihnen aufzeigen, wie Sie den Ursachen für seelischen Druck auf den Grund gehen. Wenn Sie die beteiligten Kräfte und zugrunde liegenden Mechanismen einmal erkennen, werden Sie auch einen Weg aus der Krise finden.

Sie finden zahlreiche Beispiele, Tests und Tipps, die Sie dabei unterstützen, in den unterschiedlichsten Drucksituationen souveräner zu (re-)agieren. Sie lernen zum Beispiel, bei Kritik das „richtige Ohr" einzuschalten, mit Kollegen klar zu kommen, die die Dinge ganz anders sehen als Sie, oder Mittel gegen den permanenten Zeitdruck zu entwickeln. Am Ende werden Sie sich besser erkennen und Ihre Ziele bewusster verfolgen – und sich nicht mehr so leicht durch schwierige Situationen oder Mitmenschen unter Druck setzen lassen.

Friedel John und Gabriele Peters-Kühlinger

Wie Druck entsteht

Unter Druck geraten – was bedeutet das eigentlich? Finden Sie heraus, welche „Kräfte“ am Werk sind und wer beteiligt ist, damit Sie die belastende Situation besser bewältigen.

Was ist Druck?

„Druck" – diesen Begriff kennen wir aus dem Buchdruck, aus der Physik und aus der Meteorologie. Hier jedoch soll es ausschließlich um das psychologische Phänomen „Druck" gehen. Doch natürlich besteht eine Analogie zwischen dem physikalischen und dem psychischen Druck. Führen wir uns zunächst einmal vor Augen, wie Druck – im physikalischen Sinn – zustande kommt.

Druck entsteht immer dann, wenn eine Kraft auf einen Gegenstand wirkt, auf den (mindestens) eine anders gerichtete Kraft gleichzeitig wirkt.

Wie Druck entsteht

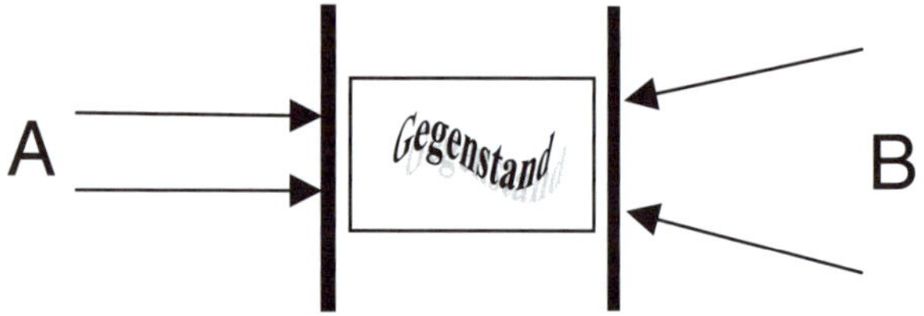

Wenn die Kräfte A und B gleichzeitig auf einen Gegenstand wirken, gerät dieser unter Druck

Je nachdem, wie groß die Kräfte sind und wie der Gegenstand beschaffen ist, wird er sich verformen. Dies passiert aber nicht, wenn es nur eine Kraft gibt (wobei es egal ist, wie der Gegenstand beschaffen ist).

Beispiel
Wenn Sie einen Karton hochheben wollen, fassen Sie ihn wahrscheinlich auf den gegenüberliegenden Seiten an. Sobald Sie Druck auf beide Seiten ausüben, können Sie ihn anheben. Wenn Sie aber nur auf einer Seite des Kartons Druck ausüben (können), verschieben Sie ihn lediglich.

Wie entsteht seelischer Druck?

Auch wenn wir über emotionalen oder psychischen Druck sprechen, haben wir Situationen im Blick, in denen es (mindestens) eine Kraft auf der einen Seite gibt und (mindestens) eine entgegengerichtete Kraft auf der anderen Seite. Anhand dieser Analogie werden Sie bei genauem Hinsehen die verschiedenen Kräfte herausfinden, die den Druck auslösen – unabhängig davon, wie Sie ihn empfinden. Zwischen den beiden Kräften befindet sich der Leidtragende, der Unter-Druck-Stehende.

Dies gilt auch für die folgenden Zustände in typischen Situationen. Prüfen Sie es nach!

- Ich setze mich unter Druck. (Eigentlich sollte ich etwas tun, möchte mich aber lieber ausruhen.)
- Ich werde unter Druck gesetzt. (Eigentlich müsste ich mich so oder so verhalten, anders ist es aber bequemer.)
- Ich stehe unter Druck. (Beispiel Termindruck: Ich hätte viel früher anfangen müssen; jetzt bin ich zu spät dran und der Termin sitzt mir im Nacken.)
- Ich unterdrücke meine Wut. (Eigentlich ärgere ich mich, traue mich aber nicht, dies zu zeigen, weil ich den ande-

ren zum Beispiel nicht verletzen oder mir keine Schwierigkeiten einhandeln will.)

- Ich drücke mich. (Zum Beispiel vor Verantwortung: Ich müsste mich jetzt durchsetzen, habe aber Angst vor den Konsequenzen. Oder es steht eine Entscheidung an, aber ich kann mich zu keiner der Alternativen entscheiden.)
- Ich mache Druck – denn ohne Druck läuft hier gar nichts.
- Ich brauche Druck, um gute Leistungen zu bringen.

Wie die beiden letzten Aussagen zeigen, muss Druck jedoch nicht grundsätzlich negativ, sondern kann auch als hilfreich oder nützlich empfunden werden. Es kommt ganz auf die Situation und auf die Beteiligten an. Es kommt auch darauf an, welche erkennbaren Möglichkeiten es gibt, der Situation zu entkommen oder sie für sich zu nutzen.

Die sechs Typen der Druckerfahrung

Wir haben die Erfahrung gemacht, dass sich (fast) alle Situationen, die als Druck erlebt werden, einem der folgenden sechs Phänomene zuordnen lassen. Druck entsteht demnach,

- wenn Motive auf Realisierung drängen (**Motivation**),
- wenn die verfügbare Zeit begrenzt ist (**Planung**),
- wenn gegensätzliche Wünsche, Ziele oder Bedürfnisse zur gleichen Zeit am gleichen Ort erreicht werden sollen (**Konflikt**),
- wenn Theorie und Praxis bzw. Wunsch und Realität auseinander fallen (**Integration**),

- wenn es um Über- und Unterlegenheit geht (**Machtkampf**),
- oder wenn es um individuelle Bedrohung geht (**Angst**).

Natürlich gibt es Überschneidungen dieser Aspekte. Ebenso kann der eine Aspekt die Folge eines anderen sein, wie z. B. Angst als Folge eines Machtkampfs oder Konflikts auftritt.

Entscheidend: die widerstreitenden Gefühle

Setzen wir im übertragenen Sinne Kraft für alles ein, was Menschen einerseits motiviert, antreibt, fördert und bewegt und andererseits behindert, stört, ärgert oder abstößt, dann wird schnell klar, dass psychischer Druck oft dann entsteht, wenn unterschiedliche Gefühle in einem selbst miteinander ringen. Die Formulierung „Eigentlich wollte/müsste ich …, aber …" in den Beispielen oben macht dies transparent.

Natürlich gibt es auch objektiven (Handlungs-)Druck, wie er z. B. durch eine hohe Arbeitsbelastung, plötzliche Veränderungen, existentielle Nöte, unvorhersehbare Ereignisse, Krisensituationen oder gar Katastrophen entsteht. Sie werden solche Zwänge von außen nie ausschalten können. Aber: Es kommt immer darauf an, was man daraus macht.

> *Meistens sind es nicht die Ereignisse selbst, die uns unter Druck setzen, sondern unsere Gefühle, die mit ihnen verbunden sind.*

Wie wir mit belastenden Situationen umgehen, ist also unterschiedlich. Das liegt daran, dass „Druck" unterschiedlich gewertet wird. Was für den einen schon „bedrückend" ist, empfindet der andere längst noch nicht als belastend. Anders als beim physikalischen Druck lässt sich seelischer Druck also nicht objektiv messen. Jeder Mensch erlebt Druck auf individuelle Art und Weise.

Das subjektive Empfinden von Druck hängt sehr stark von der Persönlichkeit ab.

Bei dieser Unterschiedlichkeit, mit der Druck empfunden wird, können pauschale Empfehlungen nicht hilfreich und wirksam sein. Um mit Druck richtig umgehen zu können, sollten Sie daher zuerst Ihre Situation und Ihr dabei entstehendes bzw. vorhandenes Gefühl genau analysieren. Dazu später mehr. Doch eines schon vorweg: Gehen Sie dabei mit sich selbst ehrlich um, denn je besser Ihre Selbsteinschätzung bzw. -analyse ist, desto besser wird auch der Lösungsweg zu Ihnen passen.

Druck erfordert Entscheidungen

Eines ist klar: Um Druck abzubauen, muss eine Entscheidung her, die auf der einen oder anderen Seite die „Kraft" reduziert. Für die fünf ersten der auf Seite 9 f. genannten Beispiele bedeutet dies etwa:

- Wenn Sie sich unter (Handlungs-)Druck setzen: Entweder Sie tun etwas und gewinnen eine positive Haltung dazu, oder Sie akzeptieren Ihr Ruhebedürfnis.
- Wenn Sie unter Druck gesetzt werden: Entweder Sie handeln nach den Vorgaben oder Regeln (mit der ent-

sprechenden positiven Haltung), oder Sie geben Ihrem Willen nach und akzeptieren die Konsequenzen Ihrer Verweigerung. Alternativ verhandeln Sie mit dem, der Sie unter Druck setzt, und suchen einen Kompromiss.

- Wenn Sie (häufiger) unter Termindruck leiden: Entweder Sie planen rechtzeitig und teilen sich Zeit und Inhalte vernünftig ein, oder Sie begrüßen den Druck als Hilfsmittel, die innere Antriebskraft zu verstärken. Sie können den Druck auch akzeptieren als Unterstützung bei der Reduzierung auf das Wesentliche, denn das ist ja meistens das, was unter Zeitdruck geschieht.
- Wenn Sie Ihre Gefühle (gewaltsam) unterdrücken (Ärger): Entweder Sie finden eine andere Einstellung zu dem Ärgernis, d. h. Sie brauchen sich nicht mehr aufzuregen, oder Sie geben die Haltung auf, dass Sie Ihre Gefühlsäußerung unterdrücken müssen. (Ärger kann schließlich auch in einer nicht verletzenden Weise geäußert werden, wenn man ihn nicht zu lange aufstaut.)
- Wenn Sie sich vor Verantwortung oder Konflikten drücken: Entweder Sie setzen sich mit Konflikt- bzw. Durchsetzungsstrategien auseinander und üben sich darin. Oder Sie sehen ein, dass Ihr Vorhaben nicht so bedeutend ist, dass Sie es durchsetzen müssen. Die dritte Variante ist: Sie setzen sich intensiv mit den Konsequenzen auseinander, sodass Sie keine Angst davor zu haben brauchen, wenn Sie sich behaupten.

Beginnen Sie mit der Schlüsselfrage

Doch vorab ist eine Klärung der Ursachen für den von Ihnen empfundenen Druck wichtig. Wir haben es schon erwähnt: Das, was für den einen ein Druckauslöser ist (zum Beispiel eine schwierige Aufgabe), muss beim anderen gar keinen Druck auslösen (weil diese Aufgabe ihm leicht von der Hand geht). Im Vordergrund steht also immer die Klärung der Situation, unter der Druck entsteht, um daraus Lösungswege ableiten zu können. Ein wichtiges Indiz für Ihre Situation und dem daraus erwachsenden Druck ergibt sich also aus der Schlüsselfrage: Wodurch ist der Druck entstanden bzw. was löst den Druck (immer wieder) aus?

Im Folgenden werden wir einige wichtige Druckauslöser, die v. a. im Berufsleben eine Rolle spielen, unter die Lupe nehmen, um später nach Strategien zu suchen, wie der durch sie entstandene psychische Druck reduziert oder ganz von Ihnen genommen werden kann (im Kap. „Souveränität zurückgewinnen", ab S. 61). Vorher erfahren Sie mehr über die persönlichen Strukturen, die dafür verantwortlich sind, dass Sie immer wieder in ähnliche Drucksituationen geraten („Sich selbst und andere kennen lernen", ab S. 39).

Fehler, Kritik und Konflikte

Dass Menschen wegen Fehlern unter Druck geraten, ist natürlich. Denn ein Fehler hat meist unangenehme Konsequenzen, die man umso mehr zu spüren bekommt, je mehr Verantwortung man selbst für den Fehler trägt.

Beispiel
Herr Berg ist in seiner Firma für das Projekt „Einführung des neuen Warenwirtschaftssystems“ verantwortlich. Heute soll das Projekt eigentlich in die Probephase gehen, so sieht es der Zeitplan vor. Doch leider ist die Projektgruppe noch nicht so weit – zu viele Pannen haben den Starttermin verzögert. Herr Berg fühlt sich stark unter Druck – wie etwa soll er die Sache seinen Vorgesetzten erklären? Er überlegt, wo der Fehler liegt. Hätte er den Zeitplan realistischer gestalten sollen? Hätte er andere Mitarbeiter ins Team holen sollen? Hätte er sich doch für einen anderen Anbieter entscheiden und eine Verzugsstrafe vereinbaren sollen?

Fehler haben es so an sich, dass man hinterher immer schlauer ist. Natürlich hätte Herr Berg dies oder das anders machen können, wenn er abgesehen hätte, wie sich die Einführung entwickelt. Aber solche Spekulationen helfen ihm in der aktuellen Situation nicht weiter.

Meistens sind die Auswirkungen eines Fehlers nicht dort zu spüren, wo er entstanden ist – das macht den Umgang mit Fehlern so schwierig.

Was den Druck verstärken kann

Die aktuelle Drucksituation ist klar: Herr Berg spürt einerseits die Erwartung (ob von außen an ihn herangetragen oder aus seinem Inneren), die Aufgabe fehlerfrei zu absolvieren. Andererseits verhindern Probleme, dass ihm dies gelingen kann. In seiner subjektiven Empfindung kann sich dieser Druck z. B. dadurch verstärken, dass

- Herr Berg ähnliche Situationen bereits mehrfach erlebt und sich vorgenommen hat, dass ihm dies nie wieder passiert (Planung);

- er zusätzliche Vorkehrungen getroffen hat, um den Fehler zu vermeiden (er hat den Zeitplan zum Beispiel durch Puffer erweitert);
- er generell den Anspruch an sich stellt, keine Fehler zu machen (Motivation);
- er die Folgen des Fehlers fürchtet, etwa, dass sein Chef ihn kritisiert, ihm keine anspruchsvollen Aufgaben mehr überträgt und seine Karriere gefährdet ist (Angst);
- er die Schwierigkeiten der praktischen Umsetzung (immer wieder) unterschätzt hat (Integration).

Auch hier können wieder subjektive wie objektive Faktoren für den Druck verantwortlich sein. In der Regel gilt: Je mehr ein Ergebnis von den an Sie gestellten oder von eigenen Erwartungen abweicht, desto höher werden Sie den Druck erleben, den der Fehler verursacht.

Wie Sie auch bei Fehlern gelassen bleiben, erfahren Sie im Kapitel „Mit Fehlern konstruktiv umgehen" (ab S. 68).

Wenn Sie unter Kritik geraten

Herrn Bergs Angst vor Kritik ist sicher nicht unberechtigt. Sicher kennen Sie solche Befürchtungen selbst aus Ihrem beruflichen Umfeld. Äußert jemand Kritik an einer These, einem Ergebnis, einem Vorschlag, kann einen das leicht aus dem Konzept bringen. Warum? Kritik zeigt eben, dass andere das, was man selbst für richtig hält, ablehnen. Dann löst die für optimal erachtete Vorgehensweise oder Lösung bei anderen Widerstand aus – auch hier erkennen Sie wieder zwei unterschiedliche Kräfte.

Weil wir aber in der Regel von anderen akzeptiert werden wollen, „kratzt" es uns erst einmal an, wenn wir in Frage gestellt werden. Doch halt – werden wirklich Sie in Frage gestellt, wenn Sie kritisiert werden? Oder geht es nicht vielmehr um die Sache selbst? Sind Sie sich sicher, dass die Kritik „richtig" bei Ihnen angekommen ist?

Den Mechanismus von Kritik und dem Druck, den diese auslöst, zu erkennen, ist eine wichtige Voraussetzung, um konstruktiv mit beidem umgehen zu können. Dabei kommt es darauf an, erst einmal genau herauszufinden, was Ihnen Ihr Kritiker eigentlich sagen will.

Letztlich also hängt die Art, wie Sie mit Kritik umgehen, von Ihren Kommunikationsfähigkeiten ab. Im Kapitel „Kritik gelassener annehmen" (ab S. 73) lernen Sie wichtige Strategien kennen, mit solchen Situationen souveräner umzugehen: Erstens müssen Sie die richtige Botschaft heraushören und zweitens lernen, Kritik als Feedback konstruktiv aufzunehmen.

■ *Es kommt nicht so sehr darauf an, durch wen und wie Kritik geäußert wird, sondern darauf, was Sie aus der Kritik machen. Deshalb empfehle ich Ihnen, sich mit Kritik stets bewusst auseinander zu setzen. Verstehen Sie diese als nützliches Feedback – als ein Geschenk, das Sie annehmen oder ablehnen können. Bevor Sie Kritik jedoch verwerfen oder zurückweisen, sollten Sie die Folgen Ihres Verhaltens gründlich einschätzen.* ■

Konflikte – der Druckauslöser schlechthin

Beispiel

Zum wiederholten Male kommt Simones Chef, Herr Braun, unvermittelt in ihr Büro, während sie telefoniert. Er fragt sie sofort, warum die Lieferung der Firma Max & Moritz nicht pünktlich abgeholt worden sei. Simone bemüht sich – wie immer in solchen Situationen – ihr Telefongespräch umgehend zu beenden und eine Antwort zu geben, was ihr nicht recht gelingt, da sie sich auf das Gespräch konzentrieren musste. Nachdem ihr Chef unzufrieden das Zimmer verlassen hat, fragt Simone ihre Sekretärin, warum sie Herrn Braun nicht darüber unterrichtet hat, dass sie telefoniert. Diese antwortet, das hätte sie wie immer getan, Herr Braun sei aber trotzdem an ihr vorbei in Simones Büro gestürzt.

Kennen Sie solche Situationen, in denen man lange Zeit einen Missstand erträgt, weil man denkt, es ist ja nicht so wichtig? In Wirklichkeit will man sich nur keinen Ärger einhandeln – denn wer weiß schon, was dabei heraus kommt, wenn man auf Konfrontation geht ... Und so vermeidet Simone, obwohl sie wütend ist, den Konflikt mit ihrem Chef.

Vielleicht haben auch Sie Angst vor solchen Auseinandersetzungen – gerade mit Personen, von denen Sie abhängig sind. Vielleicht gehören Sie auch zu den Lesern, die Druck brauchen, um sich endlich zu entscheiden, einen Konflikt anzusprechen oder durchzustehen. Ganz egal – in jedem Fall ist es hilfreich, wenn Sie auch hier wieder die Situation analysieren und sich vor Augen führen, was die Drucksituation auslöst: Wer oder welche Kräfte stehen hinter dem Konflikt?

Wenn Sie beginnen, die Situation genauer unter die Lupe zu nehmen, finden Sie Lösungen, wie Sie gelassener schwelenden oder ungelösten Konflikten begegnen. Strategien dazu finden Sie im Kapitel „Konflikte aktiv angehen" (S. 88).

Zeitmangel und Überforderung

Zeitmangel und Überforderung sind zwei weitere, sehr häufige Ursachen für Drucksituationen. Beide Aspekte hängen dabei eng miteinander zusammen. Ganz schnell muss noch etwas fertig gemacht werden, was unter Zeitdruck oft nur in mangelnder Qualität gelingt. Oder verschiedene Termine und Aufgaben zerren an einem, bis einem die Luft auszugehen droht und man gar nichts mehr konzentriert angehen kann.

Zeit ist dabei kein objektiver Faktor – wenn wir über Zeit reden, meinen wir unser Gefühl für Zeit und unseren Umgang mit ihr. Zeitprobleme, das lehrt die Erfahrung, haben immer auch etwas mit der Einstellung zum Thema Zeit zu tun. „Ich habe keine Zeit", heißt letztlich: „Ich nehme mir Zeit für andere Dinge. Ich setze meine Prioritäten anders." Dass das zum Teil unbewusst geschieht, ist klar. Deshalb kommt es bei diesem Thema auch darauf an, die unbewussten Faktoren, die im Spiel sind, zu entdecken. Erst dann kann es gelingen, sich bewusst mit ihnen zu befassen und eine Änderung herbeizuführen. Zu einem dieser Faktoren kommen wir gleich.

Beispiel

Wieder einmal ist eine hektische Woche in der Werbeagentur vorüber, und die drei Inhaber sind dabei, die nächste zu planen. „Ich finde, wir könnten unser Büro einmal gründlich durchstrukturieren", schlägt Thomas Bartels vor. „Unsere Abläufe sind manchmal so umständlich und ich habe den Eindruck, wir könnten Zeit sparen, wenn wir einiges anders machen würden.“ „Das meinst du doch nicht ernst“, fährt ihn sein Geschäftspartner an. „Bei dem Druck aufgrund der vielen Aufträge können wir uns das gerade überhaupt nicht leisten – dafür haben wir jetzt wirklich keine Zeit.“

Kennen Sie solche Gespräche? Wie viel Zeit könnte man sparen, wenn man sich die Zeit für die Strukturierung von Abläufen und Prozessen nehmen würde. Aber der Zeitdruck lässt das nicht zu. Es gibt Menschen, die behaupten, sie bräuchten den Druck um effektiv arbeiten zu können. Geht Ihnen das auch so? Sind Sie damit zufrieden, dann können Sie sich getrost einem der anderen Abschnitte dieses Buches zuwenden. Sind Sie mit diesem Arbeitsdruck aber unzufrieden und möchten daran etwas ändern, dann machen Sie sich bitte zuerst klar, dass Sie bisher die Verantwortung für die Effektivität Ihrer Arbeit, d. h. zum Beispiel für die Prioritätensetzung, für die Gründlichkeit oder für den Umfang Ihrer Arbeit, abgegeben haben. Die (verfügbare Rest-) Zeit entscheidet über diese Faktoren – und nicht mehr Sie!

Wenn Sie die Verantwortung behalten oder zurückgewinnen wollen, dann beginnen Sie zu planen!

Leiden Sie an „Aufschieberitis“?

Doch kehren wir zurück zu den Ursachen für den Zeitdruck. Natürlich spielen die Rahmenbedingungen eine Rolle: Im obigen Bespiel sind dies die Auftragslage, die zur Verfügung stehende Zeit, die nicht strukturierten Abläufe und die Persönlichkeit der drei Inhaber. Um den Druck aus dieser Situation zu bekommen, muss also eine Veränderung des Kräfteverhältnisses erreicht werden. Nehmen wir an, niemand will an der Auftragslage etwas verändern. Auch bei der zur Verfügung stehenden Zeit dürfte kaum Spielraum sein. Tatsächlich scheint eine ordentliche Arbeits- und Ablauforganisation der richtige Hebel, um Zeit zu gewinnen. Aber dem steht die vierte Kraft im Wege. Nur einer der drei Geschäftsführer steht offensichtlich unter Handlungsdruck, den die anderen noch nicht spüren oder wahrhaben wollen. Bei ihnen wirkt die „Aufschieberitis". Kennen Sie diese „Krankheit"? Sie ist dafür verantwortlich, wie lange Sie Druck aushalten, bevor Sie sich auf die Suche nach Lösungen machen. Betrachten wir also die Aufschieberitis als eine der wichtigen Ursachen dafür, dass Druck überhaupt erst entsteht.

Inwieweit Sie davon betroffen sind, wollen wir jetzt in einem Test klären. Beantworten Sie die folgenden Fragen so spontan wie möglich. Im Anschluss daran erhalten Sie Hinweise darauf, wie sehr die Aufschieberitis dafür verantwortlich ist, dass Sie sich unter Zeitdruck fühlen.

Test: Wie hoch ist Ihr „Aufschieberitis-Quotient"?

Ich erfinde Gründe und suche nach Entschuldigungen, um ein schwieriges Problem aufzuschieben. fast nie ☐ manchmal ☐ häufig ☐ fast immer ☐
Ich vermeide es, mir Endtermine zu setzen. fast nie ☐ manchmal ☐ häufig ☐ fast immer ☐

Ich brauche Druck, um an schwierigen Aufgaben zu arbeiten. fast nie ☐ manchmal ☐ häufig ☐ fast immer ☐
Es gibt zu viele Unterbrechungen, die mich abhalten, Wichtiges zu erledigen. fast nie ☐ manchmal ☐ häufig ☐ fast immer ☐
Ich vermeide klare Antworten, wenn ich um unangenehme Entscheidungen gebeten werde. fast nie ☐ manchmal ☐ häufig ☐ fast immer ☐
Ich vernachlässige Kontrolle und Nacharbeitung bei wichtigen Projekten. fast nie ☐ manchmal ☐ häufig ☐ fast immer ☐
Ich versuche, dass andere unangenehme Dinge für mich erledigen. fast nie ☐ manchmal ☐ häufig ☐ fast immer ☐
Ich nehme Arbeit mit nach Hause, um sie abends oder am Wochenende zu erledigen. fast nie ☐ manchmal ☐ häufig ☐ fast immer ☐
Ich bin oft zu müde oder zu nervös, um wichtige Dinge anzupacken. fast nie ☐ manchmal ☐ häufig ☐ fast immer ☐
Ich muss erst alles vom Tisch wegarbeiten, um eine wichtige Aufgabe anzufangen. fast nie ☐ manchmal ☐ häufig ☐ fast immer ☐

Auswertung

Zählen Sie zusammen, wie häufig Sie jeweils „fast immer", „häufig", „manchmal" und „fast nie" angekreuzt haben. Multiplizieren Sie diese Anzahl mit dem angegebenen Multiplikator und tragen Sie das Ergebnis in die unten stehende Tabelle ein. Addieren Sie die Ergebnisse, erhalten Sie Ihren „Aufschieberitis-Quotienten".

	Anzahl	Multiplikator	Ergebnis
„fast nie"		1	
„manchmal"		2	
„häufig"		3	
„fast immer"		4	
Summe (Aufschieberitis-Quotient)			

Wenn Ihr Ergebnis bei 0 bis 20 Punkten liegt, haben Sie im Allgemeinen kein Aufschieberitis-Problem. Liegt er bei 21 bis 30 Punkten, haben Sie eines, wenn es Sie auch nicht ernsthaft zu belasten scheint. Beläuft sich der Quotient auf 31 bis 40 Punkte, dann leiden Sie aller Voraussicht nach häufig und ernsthaft unter Aufschieberitis.

Was ist zu tun?

Liegt Ihr Aufschieberitis-Quotient zwischen 31 und 40, gilt dies als Hinweis darauf, dass Ihr Druckpotenzial nicht aufgrund von Zeitmangel besteht, sondern darin begründet ist, dass Sie Drucksituationen und die damit verbunden Gefühle nicht rechtzeitig wahrnehmen. Dies ist häufig nicht eine Sache des Wollens. Manche Menschen spüren einfach nicht rechtzeitig, dass sie unter Druck geraten. Trainieren Sie in diesem Fall, mehr auf Ihre Gefühle zu achten, um rechtzeitig reagieren zu können.

Entdecken Sie Ihren inneren Antreiber

Wenden wir uns einer weiteren wichtigen Drucksituation zu: der Überforderung. Sie kann verschiedene Ursachen haben:

- zu viele Aufgaben,
- zu wenig Zeit dafür,
- zu wenig Know-how, um sie zu erledigen
- oder zu wenig Routine bzw. Erfahrung, um sie entsprechend sicher anzugehen.

Bei klarer Analyse der Situation wäre also die Schlussfolgerung eindeutig: Entweder man nimmt weniger Aufgaben an, nimmt sich mehr Zeit für die gleiche Aufgabenmenge, erwirbt sich die entsprechenden Kenntnisse oder gewinnt durch Learning by Doing mehr Routine.

Doch manche Menschen merken gar nicht, dass sie sich selbst überfordern. Letztlich verantwortlich dafür ist ein „innerer Antreiber". Er verhindert, dass sie aus diesem Dilemma herauskommen – jedenfalls solange sie ihn nicht wirklich erkannt haben. Mit dem folgenden Test können Sie herausfinden, welcher Ihr innerlicher Antreiber ist und ob Sie Gefahr laufen, durch ihn Ihre Überforderung zu ignorieren.

Test: Ihr innerer Antreiber

Wie sehen Sie sich im Moment in Ihrer Berufswelt? Bewerten Sie bitte, wie sehr die folgenden Aussagen auf Sie zutreffen, indem Sie Punkte vergeben:

trifft voll und ganz zu = 5; *trifft ziemlich gut zu* = 4; *trifft teilweise zu* = 3; *trifft kaum zu* = 2; *trifft nicht zu* = 1

Wie treffen folgende Aussagen auf Sie zu?	Punkte
1 Wann immer ich meine Arbeit mache, dann mache ich sie gründlich.	5
2 Ich fühle mich verantwortlich, dass alle, die mit mir zu tun haben, sich wohl fühlen.	4
3 Ich bin ständig auf Trab.	3
4 Anderen gegenüber zeige ich meine Schwächen nicht gerne.	4
5 Wenn ich raste, roste ich.	3
6 Ich sage häufiger sinngemäß: „Es ist schwierig, etwas so genau zu sagen."	1
7 Ich sage oft mehr, als eigentlich nötig wäre.	3
8 Ich habe Mühe, Leute zu akzeptieren, die nicht genau sind.	3
9 Es fällt mir schwer, Gefühle zu zeigen.	3
10 „Nur nicht lockerlassen" ist meine Devise.	3
11 Wenn ich meine Meinung äußere, begründe ich sie auch.	4

12 Wenn ich einen Wunsch habe, erfülle ich ihn mir schnell.	3
13 Ich liefere einen Bericht erst ab, wenn ich ihn mehrere Male überarbeitet habe.	5
14 Leute, die herumtrödeln, regen mich auf.	3
15 Es ist mir wichtig, von anderen akzeptiert zu werden.	5
16 Ich habe eher eine harte Schale, aber einen weichen Kern.	2
17 Ich versuche oft herauszufinden, was andere von mir erwarten, um mich danach zu richten.	4
18 Leute, die unbekümmert in den Tag hinein leben, kann ich nur schwer verstehen.	3
19 Bei Diskussionen unterbreche ich die anderen oft.	2
20 Ich löse meine Probleme selbst.	5
21 Aufgaben erledige ich möglichst rasch.	5
22 Im Umgang mit anderen bin ich auf Distanz bedacht.	4
23 Ich sollte viele Aufgaben noch besser erledigen können.	4
24 Ich kümmere mich auch um nebensächliche Dinge.	4

25 Erfolge fallen nicht vom Himmel, ich muss sie hart erarbeiten.	4
26 Für dumme Fehler habe ich wenig Verständnis.	2
27 Ich schätze es, wenn andere rasch und bündig auf meine Fragen antworten.	4
28 Es ist mir wichtig, von anderen zu erfahren, ob ich meine Sache gut gemacht habe.	3
29 Wenn ich eine Aufgabe einmal begonnen habe, führe ich sie auch zu Ende.	4
30 Ich stelle meine Wünsche und Bedürfnisse zugunsten anderer Personen zurück.	4
31 Ich bin anderen gegenüber oft hart, um von ihnen nicht verletzt zu werden.	3
32 Ich trommle oft ungeduldig mit den Fingern auf den Tisch.	1
33 Erkläre ich Sachverhalte, verwende ich gerne die Aufzählung: Erstens ... zweitens ... drittens	2
34 Ich glaube, dass die meisten Dinge nicht so einfach sind, wie viele meinen.	3
35 Es ist mir unangenehm, andere Leute zu kritisieren.	5
36 Bei Diskussionen nicke ich häufig mit dem Kopf.	3

37 Ich strenge mich an, um meine Ziele zu erreichen.	5
38 Mein Gesichtsausdruck ist eher ernst.	1
39 Ich bin nervös.	2
40 So schnell kann mich nichts erschüttern.	3
41 Meine Probleme gehen die anderen nichts an.	3
42 Ich sage oft: „Macht mal vorwärts."	2
43 Ich sage oft: „Genau/exakt/klar/logisch."	3
44 Ich sage oft: „Das verstehe ich nicht."	3
45 Ich sage eher: „Könnten Sie es nicht einmal versuchen?" als „Versuchen Sie es einmal!"	2
46 Ich bin diplomatisch.	3
47 Ich versuche, die an mich gestellten Erwartungen zu übertreffen.	3
48 Beim Telefonieren bearbeite ich oft noch Akten.	5
49 „Zähne zusammenbeißen" heißt meine Devise.	4
50 Trotz enormer Anstrengung will mir vieles nicht gelingen.	1

Auswertung

Zur Auswertung des Fragebogens übertragen Sie bitte Ihre Bewertungszahlen für jede entsprechende Fragenummer in den folgenden Auswertungsschlüssel. Zählen Sie dann Ihre Bewertungszahlen zusammen.

„Sei perfekt"-Antreiber:

1 5 8 3 11 4 13 5 23 4 24 4 33 2 38 1
43 3 47 3 Total 34

„Mach schnell"-Antreiber:

3 3 12 3 14 3 19 2 21 5 27 4 32 1 39 2
42 2 48 5 Total 29

„Streng dich an"-Antreiber:

5 3 6 1 10 3 18 3 25 4 29 4 34 3 37 5
44 3 50 1 Total 30

„Mach es allen recht"-Antreiber:

2 4 7 3 15 5 17 4 28 3 30 4 35 5 36 3
45 2 46 3 Total 36

„Sei stark"-Antreiber:

4 4 9 3 16 2 20 5 22 4 26 2 31 3 40 3
41 3 49 4 Total 33

Wo Sie die meisten Punkte erzielen, liegt Ihr stärkster innerer Antreiber – hier machen Sie sich relativ gesehen am meisten Druck. Übersteigt der Skalawert 40 Punkte, ist anzunehmen, dass Ihr Verhalten dies auch sehr deutlich spiegelt und Sie sich zu sehr von diesem Antreiber unter Druck setzen lassen.

Was sagt uns der innere Antreiber?

Unserer Motivation verdanken wir es, dass wir gute Leistungen bringen und von anderen gelobt werden. Doch nicht mehr nützlich, sondern gefährlich wird die Sache, wenn uns ein innerer Antreiber permanent zu Höchstleistungen anspornt. Dann ist dieser Antreiber nie zufrieden zu stellen: Ist ein von ihm gestecktes Ziel erreicht, bleibt uns fast keine Zeit, uns an dem Erreichten zu freuen: Die nächste wichtige Aufgabe wartet schon, wobei die Liste der unerledigten Dinge immer gleich lang bleibt. Er vermittelt Ihnen das Gefühl, nie genug zu tun, nie genügend Zeit zu haben und unter mächtigem Zwang zu stehen. Der innere Antreiber hat auch kein gutes Zeitgefühl. Er legt zum Beispiel Termine so eng, dass Sie immer hinterher hecheln, er verlangt maximale Effizienz, höchste Konzentration oder Perfektion selbst dort, wo sie gar nicht nötig ist. Wenn Sie am Abend erledigt ins Bett sinken, will er noch schnell einen Brief schreiben ...

Seine größte Angst ist nämlich: Nichts tun. Sie könnten den Schwung verlieren, nie wieder aufstehen, alle Termine vermasseln, vor ihrem Fernseher heillos versumpfen und Ihre ganze Karriere aufs Spiel setzen. Sie könnten Lust am Faulsein entwickeln! Und für den Fall hält er die Horrorvision des unaufhaltsamen gesellschaftlichen Abstiegs für Sie parat.

Abgesehen davon hat der Antreiber aber auch kein gutes Körpergefühl. Er mutet Ihnen alles zu, solange es irgendwie geht – bis zum Burn-out. Sein Anteil an der Verantwortung für Herzinfarkte, Knochenbrüche, Autounfälle und Verletzungen am Arbeitsplatz ist enorm hoch.

■ *Wie andere innere Stimmen ist auch der Antreiber bemüht, uns (oder, wie ein psychologisches Konzept sagt, unser „inneres Kind") zu schützen. In Zeiten wirtschaftlicher und persönlicher Unsicherheit – wenn etwa eine Entlassung droht oder sich der Partner in jemand anderen verliebt hat –, wird er daher manchmal noch aktiver, oft sogar auf hysterische Weise.* ■

Lassen Sie den Antreiber nicht die Überhand gewinnen

Doch ein starker Antreiber ohne ein bewusstes Ich, das auf ihn aufpasst, ist so gefährlich wie ein schneller Wagen ohne Fahrer: Die Wahrscheinlichkeit, dass er irgendwann gegen einen Baum rast, ist sehr hoch. Menschen, deren Leben von einem starken inneren Antreiber bestimmt ist, können oft nicht entspannen, sondern nur durch Alkohol, Drogen oder Krankheit zur Ruhe kommen. Richtig entspannen kann aber ein anderer in uns: Der Nichtsnutz, der Faulpelz, der Hippie.

Und jetzt kommt es darauf an: Mögen wir den Faulpelz? Wissen wir überhaupt, dass er auch in uns steckt, wissen wir, wie es sich anfühlt, wenn er sich mit Gähnen in uns breit macht, Zeitpläne und Projekte des entgeisterten Antreibers lässig beiseite wischt, die Füße hochlegt und anfängt zu träumen? Auf nichts wartet und nichts will?

Wichtig also, dass Sie eine innere Balance finden, um Ihren inneren Antreiber im Zaum zu halten. Nehmen Sie ihn, aber auch den inneren Faulpelz an. Geben Sie beiden Raum und schließen Sie mit ihnen inneren Frieden. Dann können Sie bestimmen, wann der eine und wann der andere in Ihrem Leben Vorrang haben soll. Nur so werden Sie lernen, mit

Zeitdruck und Überforderung besser umzugehen. (Mehr dazu ab S. 97, „Grenzen setzen und Zeitdruck vermeiden".)

Schicken Sie Ihren inneren Antreiber öfter für ein paar Stunden weg. Und vergessen Sie nicht, ihm zu sagen, dass Sie ihn trotzdem mögen.

Wenn die Karriere Druck auslöst

Es gibt zwei Wege, unter Karrieredruck zu geraten: man setzt sich selbst unter Druck oder andere tun dies. Dabei sind Ehrgeiz, Konkurrenz und unfairer Wettbewerb neben dem Zeit- und Leistungsdruck für Menschen, die Karriere machen, ganz klassische Druckauslöser. Ehrgeiz ist zwar für viele Menschen die „Antriebsfeder" im Leben und hat für die meisten auch einen positiven Klang. Doch kann übertriebener Ehrgeiz – und dies ganz besonders in offenen oder verdeckten Konkurrenzsituationen – dazu führen, dass man sich selbst unverhältnismäßig stark unter Druck setzt oder mit anderen in Konflikt gerät. Andere klassische Situationen, in denen die Karriere „Druck" verursacht, kennen Sie sicher auch: aus Bewerbungssituationen, aber auch aus dem Postenkarussell – wenn etwa ein Konkurrent versucht, andere mit Macht aus dem Wettbewerb zu drängen, wobei jedes Mittel recht zu sein scheint.

Beispiel

Hermann Frank und Gerhard Harder sind Fondsmanager einer internationalen Bank. Innerhalb des Bereichs, dem beide angehören, gibt es so etwas wie einen sportlichen Wettbewerb, wer mit seinen Fonds die beste Rendite erreicht. Hermann und Gerhard sind befreundet und gehen mittags häufig gemeinsam in die Kantine zum Essen. Da erleidet eines Tages ihr Bereichsleiter, Herr Sauer, einen schweren Autounfall und fällt für längere Zeit, wenn nicht sogar ganz aus. Wenig später erfährt Hermann Frank von einem anderen Kollegen, dass Gerhard Harder wohl die Vertretung für Herrn Sauer übernehmen wird. Herr Sauer hätte sich für Herrn Harder ausgesprochen, nachdem dieser ihn zu Hause angerufen hatte und ihm sein Interesse für die Stellvertretung mitgeteilt hat und sich dabei auch als geeigneter Mann dargestellt hat. Herr Harder soll sich in diesem Gespräch auch abwertend über Hermann Frank geäußert haben.

Wenn Ehrgeiz übertrieben wird

Solange Hermann und Gerhard miteinander ehrlich und fair umgegangen sind und ihre Fähigkeiten, ihre Zielstrebigkeit und ihr Engagement ausschlaggebend für ihren Erfolg waren, war der Druck motivierend und sie konnten sich engagiert den Herausforderungen ihres Jobs stellen – ein fairer Wettbewerb.

Die Grenze zwischen dem gesunden und dem unfairen Wettbewerb bzw. der Maßstab für aufrichtigen Ehrgeiz wird schon in der goldenen Regel in der Heiligen Schrift gesetzt: „Was du nicht willst, das man dir tu, das füg auch keinem andern zu."

Doch nun hat sich die Situation geändert – denn einer von ihnen hat versucht, sich auf einem Wege Vorteile zu verschaffen, der den fairen Rahmen verlässt: Mit dem Anruf beim Vorgesetzten zu Hause, der mit einer offensichtlich sehr schweren Verletzung krank geschrieben wurde, wurden die Grenzen des üblichen Geschäftsgebarens (und dazu noch die Privatsphäre des Chefs) verletzt. Besonders gravierend in Situation wie diesen ist, wenn dann nicht nur der eigene

Vorteil gesucht wird, sondern auch noch der missliebige (scheinbare oder echte) Konkurrent (hier Hermann Frank) herabgesetzt wird.

Checkliste: Stehen Sie unter Konkurrenzdruck?

Sehen wir uns nun Ihre Situation genauer an. Nehmen Sie sich einen Bleistift und beantworten Sie folgende Fragen nur mit Ja oder Nein.

Sind Sie sicher, dass Sie alles in Ihrer Macht Stehende getan haben, um aus sich und Ihren Potenzialen das Maximum herauszuholen?	
Können Sie sich eingestehen, dass ein Konkurrent besser ist als Sie – auch wenn Sie ihn persönlich nicht mögen?	
Glauben Sie, dass Ihre Wettbewerber und Konkurrenten mit fairen Mitteln arbeiten und auch kein Dritter (Mentor, Vorgesetzter, der lachende Dritte) mit unfairen Mitteln eingreift oder eingegriffen hat?	
Sind Sie sicher, dass Sie nicht selbst schon einmal Ihren Vorteil aus der Herabsetzung anderer gezogen haben und auch sonst mit fairen Mitteln kämpfen?	
Können Sie im Unternehmen offen über Ihre Karriereziele sprechen, oder befürchten Sie, dass Ihnen andere dann „Knüppel zwischen die Beine werfen" würden?	

Haben Sie alle Fragen mit Ja beantwortet? Dann haben es zumindest mit einem recht fairen Wettbewerb zu tun – oder mit Konkurrenten, die Ihnen aufgrund Ihrer Fähigkeiten kein Kopfzerbrechen bereiten.

Fühlen Sie sich aber trotzdem subjektiv unter Druck, kann das verschiedene Ursachen haben:

Sind Sie vielleicht mit Ihrem letzten Karriere-Step unzufrieden? Können Sie sich in Ihrem Unternehmen mit Vorschlägen oder Anregungen nicht durchsetzen? Oder haben Sie keinen Ansprechpartner, dem Sie sich anvertrauen können? Dann sollten Sie abwägen, ob Sie die Situation (kurz- oder mittelfristig) ändern können oder ob Sie in diesem Unternehmen oder dieser Abteilung richtig aufgehoben sind (Hilfen dazu im nächsten Abschnitt und ab S. 88, „Konflikte aktiv angehen").

Befürchten Sie vielleicht, einen Wettbewerb zu verlieren? Dann entscheiden Sie: Können Sie noch besser werden? Können Sie Ihre Stärken auf einen anderen Bereich verlegen? Dann gehen Sie es an! Oder haben Sie häufiger das Gefühl, der Unterlegene zu sein? Das muss nicht so bleiben (dazu mehr ab S. 111, „Wenn Sie sich unterlegen fühlen").

Oder setzen Sie sich selbst extrem unter Druck? Überfordert Sie Ihr Ehrgeiz? Dann sollten Sie klären, ob sich der Aufwand, die Belastung und/oder der Druck, bezogen auf das zu erwartende Ziel, für Sie lohnt. Die Ursachen könnten bei Ihren inneren Antreibern liegen. Sie sollten vor allem klären, was Ihnen in Ihrem Leben wirklich wichtig ist (mehr dazu im Kapitel „Lebensprioritäten setzen", ab S. 114).

Haben Sie eine oder mehrer Fragen mit Nein beantwortet, dann gehen Sie wie folgt vor:

1 Analysieren Sie genau, welches Verhalten Sie als unfair oder ungerechtfertigte Vorteilsverschaffung erlebt haben.

2 Stellen Sie fest, wie und wann andere unfair in den Wettbewerb eingegriffen haben. (Keine Spekulationen oder Vermutungen, sondern Fakten!)

3 Suchen Sie Gespräche mit den Partnern in einer möglichst entspannten Situation und stellen Sie Ihre Wahrnehmung, die Auswirkungen und Ihr Gefühl dar. Vergessen Sie nicht, es ist Ihre Sichtweise! Zeigen Sie Interesse für die andere Sichtweise und versuchen Sie gemeinsam einen für beide Seiten gangbaren Weg zu finden. (Mehr zum Konfliktlösungsgespräch ab S. 94.)

Beispiel

Herrmann Frank würde ich empfehlen, zunächst seinen Kollegen Gerhard Harder anzusprechen und mit ihm zu klären, ob die Informationen, die er erhalten hat, richtig sind. Anschließend sollte er das von ihm als unfair empfundene Verhalten und die dadurch ausgelösten Gefühle erklären. Wenn Herrmann Frank davon überzeugt ist, dass er die Stellvertretung gut machen kann und gewillt ist, sich dafür zu bewerben, sollte er zunächst abwägen, ob jetzt der richtige Zeitpunkt gekommen ist, sich darum zu bemühen. Kommt er zu einer positiven Antwort, kann er sich unabhängig von dem Gespräch mit dem Kollegen an die zuständige Stelle (z. B. Personalabteilung) wenden und sein Anliegen vorbringen. Dabei sollte das Gespräch mit Gerhard Harder keine Erwähnung finden.

Wenn der Arbeitsplatz bedroht ist

Wir befassen uns zum Schluss dieses Abschnitts noch mit einem speziellen Thema, das zurzeit viele Menschen betrifft.

Beispiel

Das Gerücht, dass sich die Firma aufgrund der schlechten Zahlungsmoral mehrerer Großkunden in finanziellen Schwierigkeiten befindet, hatte der Abteilungsleiter Herr Schnell schon gehört, sich dabei aber nichts gedacht, weil solche Gerüchte schon öfter im Umlauf waren und sich immer wieder von selbst erledigt hatten. Diesmal ist es jedoch ernst: Die Unternehmensleitung wird das Werk zum Jahresende schließen.

Nur eine von vielen Situationen, wie sie täglich in den Medien oder in unserem Umfeld zu hören sind. Ganz klar, dass der Verlust des Arbeitsplatzes die meisten Menschen unter erheblichen Druck setzt, denn es gilt nicht nur mit der finanziellen Belastung fertig zu werden, sondern auch mit der persönlichen Enttäuschung und der beruflichen Veränderung. Sehen wir uns an, was den Druck auslöst:

- Der Lebensunterhalt oder zumindest ein erheblicher Teil davon bricht weg, doch die Lebenshaltungskosten und zahlreiche Verpflichtungen laufen weiter.
- In der Regel ergibt sich keine greifbare Alternative. Wer seinen Arbeitsplatz verliert, ist in seinen Reaktionen stark eingeschränkt.
- Die Frustration, dass diese Situation nicht abgewendet werden kann, führt zu Demotivation, Verzweiflung, etc.
- Die soziale Bindung zu den Kollegen im Betrieb, in den beruflichen Verbänden usw. ist gefährdet.
- Der individuelle Druck verstärkt sich dadurch, dass auch der Partner und die Kinder betroffen sind.
- Auch im Freundeskreis, in der eigenen Firma und Branche bleibt die Nachricht einer Kündigung nicht wirkungslos.

Bleiben Sie nicht passiv

Schieben Sie das Thema nicht vor sich her, auch wenn Ihr Arbeitsplatz sicher erscheint. Bedenken Sie, dass es zu spät sein könnte, wenn sich der Druck aus aktuellem Anlass verstärkt. Beginnen Sie z. B. damit, Ihre wirtschaftlichen Verhältnisse neu zu strukturieren. Versuchen Sie Ihre finanzielle Planung darauf auszurichten, dass Sie sich gegebenenfalls den veränderten Verhältnissen anpassen können. Setzen Sie sich damit auseinander, was Ihnen bleibt, wenn Sie Ihren Arbeitsplatz verlieren. Legen Sie regelmäßig einen nennenswerten Betrag zur Seite, um ein finanzielles Polster zur Kompensation der Differenz zwischen Ihrem heutigen Gehalt und dem ev. Arbeitslosengeld aufzubauen.

Stellen Sie sich darauf ein, dass es in jeder Firma Veränderungen gibt, die auch Ihren Arbeitsplatz betreffen können. Klammern Sie sich nicht an lieb gewonnene und routinierte Abläufe und Arbeitsinhalte, sondern entwickeln Sie Interesse für die Veränderungen und erkennen Sie Ihre Möglichkeiten, darauf Einfluss zu nehmen und/oder darauf zu reagieren. Beobachten Sie außerdem regelmäßig die wirtschaftliche Entwicklung in Ihrer Region und in der Branche, in der Sie tätig sind. Befassen Sie sich mit dem Arbeitsmarkt und entwickeln Sie Ideen für berufliche Alternativen und Ihre Weiterentwicklung. Nehmen Sie Fortbildungsangebote wahr. Ihr Wissen nehmen Sie auf jeden Fall mit!

▪ *Die Angst vor einem Arbeitplatzverlust ist verständlich – aber es kommt darauf an, wie Sie damit umgehen.* ▪

Sich selbst und andere kennen lernen

Warum geraten wir immer wieder unter Zeitdruck, in dieselben Konflikte oder Schwierigkeiten? Erkennen Sie, welche Persönlichkeitsstrukturen dafür verantwortlich sind – damit Sie mit Ihren und anderer Schwächen besser umgehen und auf Stärken aufbauen können.

Betrachten Sie die ganzheitliche Situation

Wenn Sie mit Druck erfolgreich umgehen wollen, müssen Sie alle Faktoren, die in einer Situation wirken, betrachten.

Beispiel

Der Lehrer sagt: Max ist faul. Die Eltern sagen: Die Schule und die Lehrer sind schlecht. Und Max sagt: Es seien seine Anlagen schuld, sein Vater und seine Mutter waren auch schon schlecht in Mathematik. Fest steht: Die Zeugnisse sind so schlecht, dass Max sitzen bleibt!

Drei unterschiedliche Begründungen dafür, dass die Situation so ist, wie sie ist. Jeder wählt eine Erklärung, die zeigen soll, dass gerade er selbst nichts an der Verbesserung der Situation tun kann. Was uns hier aber noch mehr interessiert, ist, woher die Begründungen stammen: Der Schüler glaubt, seine vererbten Fähigkeiten – seine Anlagen – seien ausschlaggebend für seine Schulleistungen. Die Eltern machen die Umweltfaktoren (Schule und schlechte Lehrer) verantwortlich. Der Lehrer schließlich behauptet, der Schüler würde aus seinen Potenzialen nicht herausholen, was möglich ist, sondern sei faul – damit zielt er auf dessen Sozialisation ab. Anlage, Umwelt und Sozialisation sind jedoch untrennbar miteinander verbunden:

- **Anlage** ist alles, was ein Mensch an Erbgut, Genen und körperlichen Voraussetzungen mit auf die Welt bringt. Dazu zählen auch erworbene körperliche und gesundheitliche Beeinträchtigungen.

- Zur **Umwelt** zählen alle Einflüsse, die von außen auf eine Person wirken. Das sind Faktoren, die die Lebensumgebung betreffen wie z. B. Land- oder Stadtleben, Einzelkinddasein oder Leben in einer Großfamilie, arme oder reiche Verhältnisse bzw. die Bedeutung von Reichtum in der sozialen Umgebung
- **Sozialisation** ist schließlich das, was der Mensch aus Anlage und Umwelt macht. Wie reagiert der Mensch von Geburt an auf seine körperlichen, seelischen und geistigen Fähigkeiten, aber auch auf deren Einschränkungen? Wie lernt der Mensch seine geistigen Fähigkeiten zu nutzen und wofür setzt er sie ein?

Beispiel

Wird das hochbegabte Kind als wissenschaftliches Genie oder als weltbekannter Posträuber enden? Wird das Einzelkind später mit dem Anspruch „Alles tanzt nach meiner Pfeife" leben oder sucht es als Erwachsener gerade deshalb den Kontakt zu anderen, weil es erleben konnte, wie viel schöner es sich in der Umgebung von Gleichgesinnten lebt? Dies sind Fragen der jeweiligen Sozialisation.

Jeder Mensch entscheidet, wie er mit seinen Anlagen umgeht und wie er auf die Umwelt reagiert. Diese „Entscheidung" wird jedoch in der Regel unbewusst gefällt. Ausschlaggebend sind die Erfahrungen des Einzelnen und seine Reaktion darauf. Wenn wir ehrlich mit uns sind, sollten wir erkennen, dass wir den sichersten Einfluss nur auf uns selbst haben. Denn auf die Umwelt können wir nur sehr begrenzt und zeitlich verzögert Einfluss nehmen. Auch unsere Anlagen können wir nicht verändern. Aber wir können sehr wohl

Einfluss darauf nehmen, wie wir mit unseren Anlagen umgehen und auf unsere Umwelt reagieren.

Blinde Flecken bei der Wahrnehmung der Gesamtsituation lösen Denk- und Handlungsblockaden aus.

Finden Sie also heraus, wie hoch Ihr eigener Anteil an Drucksituationen ist. Ausschlaggebend dafür ist Ihre Persönlichkeit und wie Sie mit den Eigenschaften anderer zurechtkommen. Die folgenden Kapitel werden Ihnen wichtige Hinweise darauf geben, warum manche Situationen Ihnen mehr Druck verursachen als anderen Menschen.

Den persönlichen Anteil erkennen

Drucksituationen können Sie leichter bewältigen, wenn Sie sich selbst besser einschätzen lernen. Doch auch, wenn Sie die persönlichen Eigenarten der beteiligten Personen besser kennen und verstehen, können Sie gelassener bleiben und in schwierigen Situationen adäquat reagieren.

Beispiel

Frau Zügig will mit ihrem Mitarbeiter, Herrn Funk, kurz einen Auftrag besprechen. Sie bittet ihn, die vorbereitete Vorstandsvorlage nach ihren handschriftlichen Anmerkungen zu überarbeiten. Kaum dass sie diesen Auftrag erteilt hat, fragt Herr Funk, ob Frau Zügig kurz mal Zeit hat. Unwirsch sagt sie zu. Herr Funk beginnt damit, Frau Zügig darüber zu informieren, wie es auf ihn wirkt, wenn sie zu ihm ins Büro kommt und ihm solche Aufträge erteilt. Frau Zügig zieht die Augenbrauen hoch und bittet darum, den Auftrag zuerst einmal fertig zustellen: „Das Thema können wir später besprechen.“

Was ist hier schief gegangen? Herr Funk steht unter Druck und möchte mit seiner Chefin darüber reden. Als er das Thema erwähnt, zieht sie sich auf ihre Chefrolle zurück. Warum gelingt es Herrn Funk nicht, Frau Zügig anzusprechen? Er hat ganz offensichtlich die Situation nicht richtig eingeschätzt. Und vor allem: Er hat die Persönlichkeit seiner Chefin nicht berücksichtigt.

Mit dem Riemann-Modell sich und andere besser einschätzen

Wir möchten Ihnen ein Modell vorstellen, mit dessen Hilfe Ihnen eine solche Einschätzung besser gelingt. Es gibt Ihnen Hinweise darauf, wo Ihre Stärken und Schwächen liegen. Und Sie werden erkennen, in welchen Situationen Sie – und andere Menschen – besonders leicht unter Druck geraten.

Das Modell stammt von Fritz Riemann und geht von zwei Ebenen aus, auf denen Sie die sog. „Grundstrebungen" von Menschen einschätzen können. Die Ebenen sind gekennzeichnet durch jeweils zwei sich gegenüber stehende Pole: „Nähe" vs. „Distanz" und „Wechsel" vs. „Dauer". Dadurch ergibt sich das so genannte Riemann-Kreuz (siehe Abbildung folgende Seite).

Vorsicht: Es geht nicht darum, Menschen auf ein bestimmtes Verhalten festzulegen und Schubladendenken zu fördern, sondern um eine Orientierungshilfe in menschlichen Beziehungen. Das Modell soll Verständnis füreinander wecken und den Umgang miteinander erleichtern.

Das Riemann-Kreuz: Die vier Grundstrebungen der Persönlichkeit

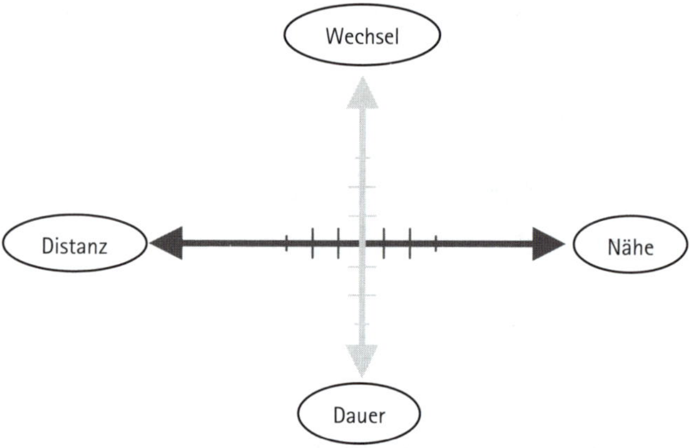

Sind Sie ein Nähe- oder Distanzmensch?

Finden Sie zunächst heraus, welcher Grundstrebung Sie auf der Ebene „Distanz – Nähe" zuneigen. Vielleicht wollen Sie auch Personen aus Ihrem Umfeld entsprechend einschätzen? Die folgenden Beschreibungen betreffen die Pole, d. h. jeweils die äußersten Extreme. Dazwischen gibt es natürlich Abstufungen!

Wie verhalten sich „Nähemenschen"?

„Nähemenschen" erkennen Sie an ihrer empathischen Grundhaltung: Sie sorgen sich immer um ihr Gegenüber, interessieren sich für die Probleme ihrer Mitmenschen und verhalten sich meist ausgleichend und verständnisvoll, weil sie sich einfühlen können.

Beispiel

Ihr Kollege begrüßt Sie montagmorgens nicht nur mit freudigem Händeschütteln, sondern fragt Sie auch gleich: „Sagen Sie mal, wie geht es Ihnen denn? Wie war Ihr Wochenende? Und wie geht's Ihrer Frau, was machen die Kinder?" Haben Sie ihm geantwortet, fährt er fort: „Wie sieht denn die Woche aus? Was müssen wir denn gemeinsam diese Woche alles bewerkstelligen?"

Menschen mit ausgeprägter Nähebestrebung arbeiten gerne mit anderen zusammen und sind meist ideale Teamarbeiter. Auch privat bewegen sie sich gerne in Gruppen. Der Nähemensch wird sich in Ihrer Firma, Abteilung oder Organisation um das Vorhandensein einer Geburtstagsliste kümmern. Er wird es sein, der zum jeweiligen Termin die Gelder einsammelt, das Geburtstagsgeschenk besorgt und dem Geburtstagskind den Arbeitsplatz schön herrichtet. Wenn sich in Ihrem Team zwei Menschen miteinander streiten, dann wird es der Nähemensch sein, der sich darum bemüht, Kontakt und Harmonie wieder herzustellen. Konflikten geht er gerne aus dem Weg und es fällt ihm schwer, Nein zu sagen.

Beispiel

Selbst am Freitagnachmittag werden Sie einen Mitarbeiter oder Kollegen dieses Typs noch um den Gefallen bitten können, für Sie zwei Stunden länger da zu sein oder Sie zu vertreten. Der Nähemensch wird diese Bitte – wird sie mit der gebotenen Dringlichkeit vortragen – auch dann nicht abschlagen, wenn ihm die Arbeit selbst bis zum Hals steht, sondern Zähne knirschend versprechen: „Das kriege ich schon irgendwie hin."

Dieses Verhalten führt unter Umständen dazu, dass der Nähemensch Konflikte nicht offen austrägt. Das merken Sie bestenfalls daran, dass er ruhiger und weniger kontaktfreudig auftritt. Dafür sendet er vielleicht auf der nonverbalen Ebene Signale aus, zeigt ein trauriges oder missmutiges Gesicht. Sprechen Sie ihn darauf an („Sag mal, was ist denn los?"), bekommen Sie jedoch nicht unbedingt eine ehrliche Antwort, was aber nichts damit zu tun hat, dass der Nähemensch nicht aufrichtig wäre. Es ist nicht seine Stärke, klar zu sagen, was ihm nicht passt. Er wird eher ausweichend reagieren („Ach, es ist nichts ..."). Kurz, er kann Probleme ganz wunderbar unter den Teppich kehren.

Kommen wir nun zur entgegengesetzten Grundstrebung.

Wie verhält sich ein „Distanzmensch"?

Den „Distanzmenschen" erkennen Sie daran, dass er montagmorgens freundlich grüßend an der Schar der zusammenstehenden Mitarbeiter vorbeizieht und sich sogleich zu seinem Arbeitsplatz begibt. Dort fängt er an sich einzurichten und legt los. Wenn die Kollegen ihn ansprechen: „Mensch, komm doch mal rüber, wir schauen gerade Urlaubsfotos an", dann wird er entgegnen: „Ja, ja, ich mach das hier erst noch fertig und komme dann."

Der Distanzmensch trifft seine Entscheidungen eigenständig; eine Tatsache, die mitunter dazu führt, dass er vergisst, diese mit anderen Betroffenen abzusprechen. Ganz anders hier der Nähemensch, der seine Entscheidungen gerne mit Vertrauenspersonen bespricht. Wenn dieser Typ Schwierigkeiten hat, dann wundern Sie sich bitte nicht darüber, dass er eines Tages plötzlich vor Ihnen steht und Ihnen die Lösung präsentiert für ein Problem – von dem Sie bislang noch gar nichts wussten. Ein solches Verhalten löst natürlich häufig Missverständnisse aus.

Menschen mit dieser Grundstrebung achten generell zuerst darauf, wie es ihnen selbst geht. Das mag egoistisch klingen, ist aber nicht so gemeint. Ihr Fokus ist eher nach innen gerichtet, erst in zweiter Linie interessiert es sie, wie andere Menschen über sie denken und zu ihnen stehen.

Beispiel

Stellen Sie einem Distanzmenschen am Freitag die Frage, ob er für Sie zwei Stunden länger arbeiten bzw. einen Job übernehmen würde, wird er Sie wahrscheinlich gerade ansehen und Ihnen eine klare Absage erteilen. Er hat die eigene Arbeit, die noch zu schaffen ist, im Blick. Das Arrangement mit Ihnen steht bei ihm nicht im Vordergrund.

Durch dieses Verhalten wirken Distanzmenschen häufig cool, abweisend oder gar rivalisierend, auch wenn dies nicht immer in ihrer Absicht liegt. Sie können sie übrigens auch daran erkennen, dass sie alles, was sie tun, gerne alleine tun – auch dies ein krasser Gegensatz zum Nähemenschen. Sie erweisen einem Menschen mit einer ausgeprägten Distanzstrebung also keinen großen Gefallen, wenn Sie ihn mit allen Konsequenzen in ein Team zu integrieren versuchen. Er liebt es, eigene Verantwortungsbereiche zu haben, selbstständig entscheiden zu können und übernimmt demzufolge auch gerne die Konsequenzen seines Handelns.

Wenn Nähe und Distanzmensch zusammenarbeiten

Wenn zum Beispiel ein Distanzmensch einem Nähemenschen einen Arbeitsauftrag gibt, diesen klar umreißt und ein gewisses Ergebnis in einer gewissen Zeit erwartet, so wird sich der Nähemensch sehr viel Mühe geben, dieses Ergebnis auch tatsächlich zu erreichen, er wird im Zweifel sogar noch sehr viel mehr dafür tun, als eigentlich von ihm erwartet wird. Wenn die beiden dann das Arbeitsergebnis besprechen, ist es durchaus möglich, dass dem Distanzmenschen die Mehrarbeit und Mühe des anderen überhaupt nicht auffallen, was letzteren natürlich unglücklich macht, weil er sich doch etwas mehr Wertschätzung erhofft hat.

Die beiden werden auf Dauer nur dann in der Zusammenarbeit erfolgreich sein, wenn sie lernen darüber zu sprechen, was sie voneinander erwarten, und dabei akzeptieren, dass der andere anders ist.

Machen Sie jetzt bitte ein Kreuz auf der Distanz-Nähe-Achse des Riemann-Kreuzes, dort, wo Sie sich nach eigener Einschätzung sehen. Reagieren Sie dabei ganz spontan – die erste Reaktion ist meistens die richtige!

Brauchen Sie Konstanz oder Abwechslung?

Was macht den „Dauermenschen" aus?

Kommen wir nun zur zweiten Ebene und der dritten Grundstrebung, der Grundstrebung nach Dauer. Den „Dauermenschen" erkennen Sie daran, dass er, salopp formuliert, alles was er tut, dauernd tut.

Beispiel

Da wo er geboren wurde, stirbt er in aller Regel auch. Wenn er ein Haus baut, dann für immer, wenn er einen Arbeitsplatz hat, dann – so sein Wunsch – für immer. Wenn Sie den Lebensbereich eines Dauermenschen einmal gut kannten, ihn aber zehn Jahre lang nicht gesehen haben, werden Sie beim nächsten Besuch feststellen, dass alles noch genau an dem Platz steht, wo es auch damals schon stand.

Ein Dauermensch erscheint in hohem Maß systematisch und ordentlich; sein Schreibtisch stets aufgeräumt, die Schubladen wohl sortiert, die Ordner gleich beschriftet, alles hat seinen festen Platz. Er liebt fest umrissene Aufgaben, klare Kompetenzen und Grenzen und wirkt in seinem Verhalten sehr berechenbar. Man kann sich hundertprozentig auf ihn verlassen. So hält er z. B. Verabredungen termingetreu ein. Sie erkennen ihn auch an einem fixen Lebensentwurf und daran, dass er i. d. R. genau weiß, was er will und was nicht. Wenn Sie einen Dauermenschen jedoch von etwas Neuem überzeugen wollen, machen Sie sich bitte auf Widerstand gefasst. Menschen mit dieser Grundstrebung mögen nämlich keine Veränderung. Auch spontane Reaktionen und schnell wechselnde Verhaltensweisen jagen ihm eher Angst ein.

Beispiel

„Sag mal, was hältst du eigentlich davon, wenn wir das Mobile-Projekt mal ganz anders anfangen würden?“ Mit diesen Worten stürmt Markus in das Büro seines Kollegen Walter. Doch der ist, nachdem Markus seine Idee vorgestellt hat, keineswegs Feuer und Flamme: „Wieso das denn? Das haben wir ja noch so nie gemacht.“

Solche Bedenken werden natürlich oft als Bremse empfunden, sind gleichwohl nicht per se unberechtigt. Denn der Vorteil des Dauermenschen ist, dass er neben einem unglaublichen Organisationstalent auch sehr systematisch vorgehen kann – was z. B. bei so mancher Entscheidung hilfreich ist. Wenn Menschen in dieser Grundstrebung außerdem merken, dass ihre Bedenken ernst genommen werden, sind sie auch durchaus bereit und in der Lage, Veränderungen mit zu tragen.

Die Grundstrebung nach Wechsel

Den typischen „Wechselmenschen“ erkennen Sie im Gegensatz zum Dauermenschen daran, dass er bei nichts lange bleibt. Er zieht zum Beispiel gerne um, nimmt gerne verschiedenartige Jobs an und findet alles, was neu ist, aufregend und spannend. Er ist für viele Herausforderungen zu begeistern und findet es eher langweilig, immer die gleichen oder zu leichte Aufgaben zu erledigen. Sein Arbeitsplatz sieht oft chaotisch aus. Menschen mit dieser Grundstrebung findet man häufig in kreativen Berufen, wo diese Fähigkeiten natürlich auch perfekt passen. Versuchen Sie nie, einen Menschen mit einer ausgeprägten Wechseltendenz in die Buchhaltung Ihres Unternehmens zu versetzen. Das Ergebnis wäre mit Sicherheit katastrophal. Auf der anderen Seite wirkt der Wechselmensch auch häufig unzuverlässig und richtet gerne ein „kreatives Chaos“ an. Bedingungslos verlassen sollten Sie sich auf ihn deshalb lieber nicht.

Beispiel

Machen Sie einem Wechselmenschen eine Terminvorgabe, nimmt er diese zunächst einmal strahlend an. Auch auf die Frage, ob er das denn auch realistisch schaffen kann, würde er Ihnen immer begeistert antworten: „Ja, das bekomme ich schon hin.“ Aber wenn es dann um die korrekte

Abgabe geht, ist er unzuverlässig. Sie müssen ihm häufig nachlaufen. Um Ausreden ist er hingegen nie verlegen. Und er wird versuchen, mit Ihnen einen neuen Termin auszuhandeln.

Temperament und Charme des Wechselmenschen machen es dem Gegenüber oft unmöglich, ihm dauerhaft böse zu sein. Er ist auf seine Art witzig und unterhaltsam, so dass man zwangsläufig dazu geneigt ist, ihm immer wieder zu verzeihen. Mit einem solchen Menschen eine Beziehung einzugehen bedeutet allerdings, nie vor Überraschungen sicher zu sein. Denn die Entscheidungen, die er gestern getroffen hat, wirft er heute mit Bravour und einem freundlichem Lächeln im Gesicht wieder über den Haufen. Und hat dafür natürlich entsprechende Begründungen parat.

Was bestimmt Ihre Persönlichkeit?

Tragen Sie jetzt bitte im Riemann-Kreuz auf der Achse Wechsel-Dauer ein, welche der oben beschriebenen Persönlichkeitsmerkmale tendenziell eher auf Sie zutreffen. Verbinden Sie anschließend Ihre beiden Kreuze miteinander. Damit haben Sie den Quadranten bestimmt, der die Grundstrebungen Ihrer Persönlichkeit beschreibt.

Im Beispiel in der Grafik auf der nächsten Seite entspricht die Grundstrebung dem Quadranten „Nähe-Dauer“. Menschen mit dieser Persönlichkeit haben also die Grundstrebungen nach Nähe und nach Dauer. Die anderen Quadranten heißen entsprechend: „Dauer-Distanz“, „Distanz-Wechsel“, und „Wechsel-Nähe“.

Ihr Quadrant im Riemann-Kreuz

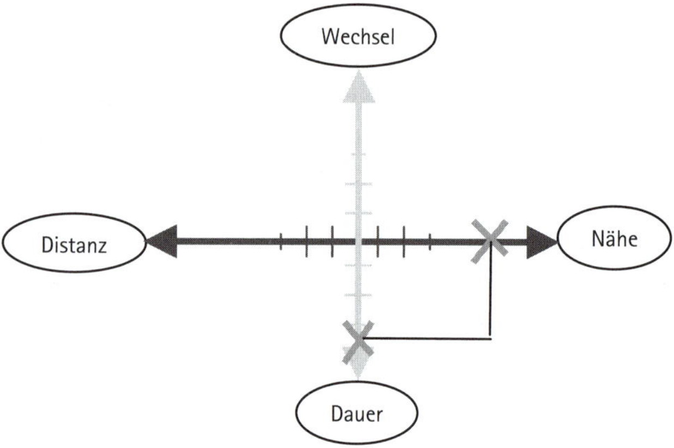

Worauf Sie bei der Auswertung achten sollten

Normalerweise haben wir in unserem Leben gelernt, alle Fähigkeiten aus allen Quadranten situationsadäquat einzusetzen. Kein ausgesprochener Nähemensch etwa käme auf die Idee, seinem Chef nach dreiwöchiger Abwesenheit um den Hals zu fallen, weil er sich über seine Rückkehr riesig freut. Er hat natürlich gelernt, dass an dieser Stelle Distanzqualitäten von Nöten sind. Auch der Dauermensch hat gelernt, phantasievoll und ideenreich zu sein und seine eigenen Entscheidungen zu treffen, nur eben auf seine Art und Weise. Der Distanzmensch wiederum ist selbstverständlich in der Lage, Nähe zu produzieren (ansonsten würden diese Menschen keinen Nachwuchs haben). Und der Wechselmensch schließlich ist durchaus dazu in der Lage, in seinen Lebensbereichen zuverlässig, systematisch und ordentlich zu sein.

Denken Sie daran, dass die Beschreibungen der vier Grundtypen übertrieben waren, um sie zu verdeutlichen. Sie kommen in dieser Reinkultur natürlich selten vor. Es gibt viele Abstufungen, wie sie in der Grafik durch die Pfeile angedeutet sind.

Es kommt jetzt darauf an – zunächst einmal für Sie selber – herauszufinden, in welchem Ausprägungsgrad diese unterschiedlichen Fähigkeiten vorhanden sind. Sie werden sehr schnell feststellen, dass Sie von allem etwas haben – und sich deswegen vielleicht zum jetzigen Zeitpunkt überhaupt nicht dazu entscheiden konnten, sich irgendwo „einzuordnen". Doch versuchen Sie es: Es geht hier um den „Heimathafen" – die Fähigkeiten, die Sie besonders ausgeprägt beherrschen, die Ihnen tendenziell näher liegen und auf die Sie – das ist wichtig – in schwierigen Situationen zurückgreifen.

Keine der Grundstrebungen hat nur positive oder nur negative Eigenschaften.

Nun bekommen Sie vielleicht auch eine Idee, warum der eine oder andere Mensch, mit dem Sie privat oder beruflich zu tun haben, Ihnen mit seiner Art auf die Nerven geht. Wahrscheinlich kommt er aus einem anderen Quadranten und hat Eigenschaften, die Ihren Erwartungen z. B. im Umgang, in der Arbeitshaltung oder ganz allgemein im Verhalten widersprechen.

Beispiel

Kehren wir noch einmal zurück zu Frau Zügig (s. 42). Herr Funk zeigt Tendenzen zu „Nähe“ und „Dauer“: Er braucht Sicherheit, die er bekommt, wenn er seine Beziehungen einschätzen kann. Wie viele Nähemenschen interpretiert er Äußerungen sofort auf der Beziehungsebene. Frau Zügig scheint eher Grundstrebungen aus dem Bereich „Wechsel“ und „Distanz“ zu haben, ist mehr sach- und zielorientiert. Deshalb spielen Gefühle – eigene wie die der Mitarbeiter – bei ihr eine untergeordnete Rolle. Um sich auf solche Gespräche einzulassen, benötigt sie Zeit und Ruhe, abgesehen davon, dass sie sie lieber selbst plant. Somit kommt ihr die Bitte um Beziehungsklärung völlig ungelegen. Es würde beiden helfen, sich über diese unterschiedlichen Erwartungen klar zu werden. Herr Funk sollte etwa erkennen, dass es Frau Zügig überfordert oder unter Druck setzt, solch ein Thema zwischen Tür und Angel zu besprechen.

Stärken Sie Ihre positiven Seiten!

Sie können solche Situationen aber auflösen, indem Sie sich klar machen, dass Ihre Grundstrebungen wie auch die des Partners, Kollegen, Mitarbeiters oder Vorgesetzten sowohl Licht- als auch Schattenseiten besitzen. Versuchen Sie, die Lichtseiten zu sehen und zu nutzen!

Licht- und Schattenseiten der Grundstrebungen

	Lichtseiten	Schattenseiten
Nähe	kontaktfähig, ausgleichend, verständnisvoll, anpassungsfähig, Teamplayer, vermeidet Spannungen	abhängig, kann nicht allein sein, nicht abgrenzungsfähig, konfliktscheu, aggressionsgehemmt

Distanz	eigenständig, entscheidungs- und konfliktfähig, kann sich abgrenzen, intellektuell	abweisend, distanziert, rivalisierend, aggressiv, rationalisierend, unpersönlich, arrogant
Dauer	pflichtbewusst, zuverlässig, systematisch, ordentlich, Organisationstalent	kontrollierend, unflexibel, starr, langweilig, zwanghaft, pedantisch
Wechsel	spontan, charmant, kreativ, temperamentvoll, unterhaltsam, Improvisationstalent	unzuverlässig, unsystematisch, sprunghaft, theatralisch, leichtsinnig

Typische Druckauslöser erkennen

Die verschiedenen Persönlichkeits-Typen, wie Sie sie nun in den vier Quadranten finden, reagieren auf Druck unterschiedlich. Finden Sie heraus, welche Verhaltensweisen anderer auf Sie persönlich besonderen Druck ausüben. Die Abbildung auf der nächsten Seite zeigt Ihnen Ihre externen Druckauslöser.

Beispiel

Der „Nähe-Wechsel-Mensch" gerät leicht unter Druck, wenn er aufgefordert wird zu erklären, warum er Regeln, Arbeitsanweisungen oder Vorgaben nicht eingehalten hat. Verstärken wird sich dieser Druck noch dadurch, dass er aufgefordert wird, sich in Zukunft an Absprachen zu halten. Der „Distanz-Dauer-Mensch" hingegen sieht es als selbstverständlich oder sogar hilfreich an, wenn Regeln und Vorgaben vereinbart und eingehalten werden. Ihn würde es viel mehr unter Druck setzen, wenn diese zu häufig und vielleicht auch noch unbegründet in Frage gestellt würden. Eine Situation, in der so gut wie nichts geregelt ist, wiederum kann der „Dauer-Distanz-Mensch“ nicht lange aushalten.

Externe Druckauslöser für die vier Persönlichkeitstypen

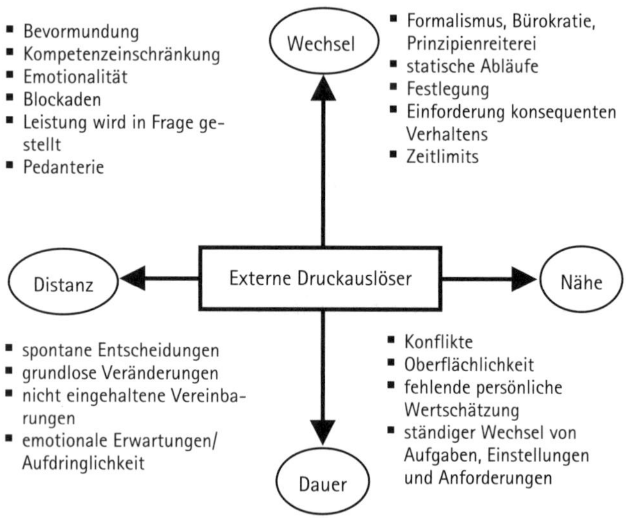

■ *Erkennen Sie Ihre vorrangigen externen Druckauslöser und stellen Sie sich darauf ein. Denken Sie auch daran, dass das, was auf Sie Druck ausübt, anderen keine Probleme bereiten muss.* ■

Die Druckauslöser kommen aber nicht nur von außen, zum Teil schaffen wir uns den Druck auch selbst, ohne uns dies bewusst zu machen. Anhand der folgenden Abbildung können Sie sich Ihre inneren Druckauslöser bewusst machen.

Interne Druckauslöser der vier Persönlichkeitstpyen

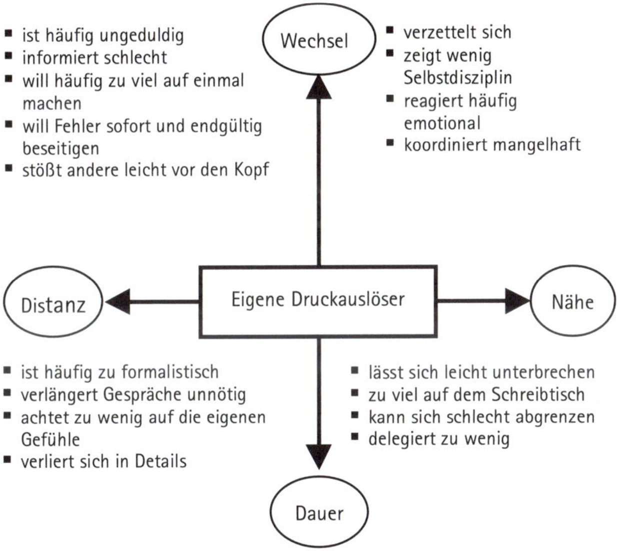

Was tun mit den Ergebnissen?

Der erste Schritt, um mit Druck besser umgehen zu können ist natürlich, sich über diese Faktoren klar zu werden. Akzeptieren Sie, dass es so ist, wie es ist. Entwickeln Sie Ihren Druckauslösern gegenüber Gelassenheit. Das soll aber nun nicht bedeuten, dass Sie daran nichts ändern sollten. Überlegen Sie vielmehr, was Sie tun können, um Ihren inneren Druckauslösern besser zu begegnen und wieder leistungsfähig und souverän zu werden. Entwickeln Sie Strategien, um auch äußere Druckauslösern besser zu „handeln". Damit Sie mit Mitarbeitern, Kollegen oder Vorgesetzten erfolgreich zusammenarbeiten können und auch im Privatleben Druck abbauen können.

Trainieren Sie neue Verhaltensweisen

Dazu können Sie sich, wenn Sie sich in einer entsprechenden Situation befinden, mit folgender kleinen Übung behelfen: Nehmen Sie sich, bevor Sie wie gewohnt reagieren, aus der Situation heraus und lassen Sie drei Sekunden verstreichen. Reagieren Sie dann erst – und zwar bewusst anders. Trainieren Sie so öfter andere Verhaltensweisen und erweitern Sie damit Ihr (Re-)Aktionsspektrum.

Im Folgenden finden Sie nun für jeden Typ Anregungen. Diese haben nicht den Anspruch, vollständig zu sein. Entscheiden Sie selbst, was Sie sich für die Zukunft vornehmen. Probieren Sie die Vorschläge aus oder entwickeln Sie eigene. Wenn Sie bewusster mit Ihren Schwächen umgehen, werden Sie merken, dass sich manche Drucksituationen vielleicht gar nicht mehr ergeben.

Sie befinden sich im Nähe-Wechsel-Quadrant

- Versuchen Sie etwas konsequenter zu sein und die Dinge gründlicher zu machen.

- Setzen Sie sich Ziele und Termine. Versuchen Sie daran festzuhalten, bis sie erledigt sind.
- Versuchen Sie bei sich zu bleiben und sich in bestimmten Situationen bewusst abzugrenzen.
- Probieren Sie, Distanzen zu vergrößern oder länger aufrecht zu erhalten.

Sie befinden sich im Nähe-Dauer-Quadranten

- Trainieren Sie, Ihre Selbständigkeit auch in schwierigen Situationen aufrecht zu erhalten.
- Halten Sie sich mit Forderungen und Erwartungen an andere zurück.
- Ergreifen Sie öfter mal die Initiative.
- Versuchen Sie zu improvisieren und weniger genau vorauszuplanen. (Es kommt sowieso meistens anders als man denkt.)
- Versuchen Sie loszulassen und zu experimentieren.

Sie befinden sich im Distanz-Dauer-Quadranten

- Versuchen Sie Ihre Gefühle zu zeigen und auszusprechen.
- Fühlen Sie sich in andere ein und seien Sie fürsorglich.
- Lassen Sie auch andere etwas tun, trauen Sie sich zu delegieren.
- Gehen Sie ruhig auch mal ein Risiko ein.
- Ergreifen Sie die Initiative – auch für Veränderungen.
- Reagieren Sie auf Veränderungen gelassen.

Sie befinden sich im Distanz-Wechsel-Quadranten

- Übernehmen Sie Verantwortung.
- Seien Sie gründlich.
- Lassen Sie sich verwöhnen.
- Üben Sie Selbstkontrolle.
- Halten Sie sich mit Forderungen zurück.
- Achten Sie auf Ihre Gefühle.

Es ist nicht so einfach, das eigene Verhalten aufzugeben, mit dem Sie Ihr bisheriges Leben lang Erfahrungen gemacht haben. Denn meist bietet das Gewohnte – auch wenn man dafür einen hohen Preis zahlen muss - mehr Sicherheit als das Neue. Selbst wenn Ihre Erfahrungen nicht immer positiv gewesen sind – Sie haben damit gelebt. Üben Sie sich in Gelassenheit und verlangen Sie nicht zu viel von sich. Freuen Sie sich, wenn es Ihnen gelegentlich gelingt, neue Verhaltensweisen überhaupt einmal auszuprobieren – und üben Sie weiter!

Souveränität zurückgewinnen

Jetzt wissen Sie, was Druck auslöst und können beginnen, mit den richtigen Strategien der Belastung zu begegnen. Erweitern Sie Ihr Verhaltensrepertoire und entwickeln Sie Ihre Kommunikations- und Konfliktkompetenz – wie, das erfahren Sie hier.

Entwickeln Sie sich von der Minus- zur Plus-Situation

Vielleicht haben Sie am Ende des letzten Abschnitts gemerkt, dass Ihnen genau dies schwer fällt: Ihr Verhalten zu ändern. Warum aber ist dies so? Warum ändern wir gerade dann nichts, wenn ein bestimmtes Verhalten eigentlich immer wieder denselben Druck auslöst? Warum reicht die Einsicht nicht aus, dass andere Reaktionen besser für uns wären? Warum machen wir trotz negativer Erfahrungen immer wieder die gleichen „Fehler"?

Das hängt damit zusammen, dass ein Verhalten, auch wenn es in einer bestimmten Situation als störend, hinderlich oder ärgerlich erlebt wird und negative Folgen hat, auch eine positive Seite hat – oder einmal hatte. Einmal abgesehen von der Gewohnheit, die uns scheinbar Sicherheit verleiht, kann „schädliches" Verhalten also eine positive Seite haben, die uns nicht bewusst ist – und die eventuell gar nicht mehr relevant ist, weil sie sich „überholt" hat.

Beispiel

Franz Greiner ist 51 Jahre alt, ist ein intelligenter, freundlicher und sozial sehr engagierter Mann. Er hat immer irgendetwas vor. Selbst im Urlaub schafft er sich Aufgaben. Er streicht den Balkon seiner Ferienwohnung, auch sein altes Boot erfordert immer irgendwelche Pflege- und Reparaturtätigkeiten. Nach dem Restaurantbesuch strebt er in das Nachtleben des Urlaubsparadieses. Ständig spürt er den Zwang, etwas unternehmen oder tun zu müssen. So findet er auch im Urlaub keine Ruhe und Entspannung. Zwar glaubt er selbst, dass es ihm damit gut geht, doch hat er bereits einen Herzinfarkt hinter sich und ist im Alter von 48 Jahren aus gesundheitlichen Gründen aus dem elterlichen Betrieb ausgestiegen.

Wie wir Mangellagen zu überwinden versuchen

Mit diesem Verhalten versucht Herr Greiner, sich vor einer (ihm unbewussten) „Mangellage" zu retten: Er weicht unbewusst dem kindlichen schlechten Gewissen aus, nichts zu tun. Wir bezeichnen diese Situation als Minus-Situation.

Es ist ein natürliches Gesetz, dass der (gesunde) Mensch jede subjektiv empfundene Mangellage zu überwinden sucht, was ein ständiges Streben vom Minus zum Plus bewirkt. Dabei geht es nicht um objektive Maßstäbe, sondern um rein subjektive.

■ *Der Mensch besitzt eine unerschöpfliche kreative Kraft, um den subjektiv besten Weg zur Überwindung einer Mangellage zu finden. Diese „schöpferische Kraft" lässt jeden von uns seine individuellen kreativen Überwindungsstrategien finden, vor der wir hohe Achtung haben sollten. Diese Lösungen sind einmalig im wahrsten Sinne des Wortes.* ■

Je intensiver ein Mensch eine Mangellage erlebt hat oder je stärker er (unbewusst) bestrebt ist, eine Minus-Situation zu vermeiden, desto stärker ist auch sein Verhalten auf das Gegenteil ausgerichtet. Das ist wie mit einem Ball, den man unter die Wasseroberfläche zieht: Je tiefer man ihn unter Wasser drückt, desto höher springt er über die Wasseroberfläche, wenn man ihn wieder los lässt.

Damit wird auch klar, dass der Druck, je weiter man „unter Wasser" kommt, zunimmt. Also verhält sich die Energie, diesem Druck auszuweichen, proportional zur empfundenen Mangellage. Am Beispiel von Herrn Greiner wird dieser Zusammenhang schnell klar:

Beispiel

Herr Greiner hat als Sohn eines Firmenchefs seit seiner Kindheit gelernt, dass man sich immer um die Firma bemühen muss und keine Chance auslassen darf. Alle persönlichen und emotionalen Interessen haben sich dem unterzuordnen. Je stärker die Existenz des väterlichen Betriebs bedroht war, desto rigoroser galt diese Regel. Diesen „inneren Auftrag" seiner Eltern hat er als Kind übernommen und generalisiert – d. h. als allgemein gültig verstanden, wie Kinder es häufig machen. Und mit diesem „Prinzip" hat Herr Greiner auch im (Berufs-)Leben gute Erfolge erzielt. Die Ursache für den Druck, ständig aktiv sein zu müssen, war ihm dabei nicht bewusst. Nachdem er diesen Zusammenhang erkannt und die Grundstrebungen seiner Persönlichkeit („Distanz-Wechsel-Mensch") erkannt hat, konnte er sich „erlauben", ein anderes Verhalten auszuprobieren. Er hat sich die folgenden Ziele gesetzt: mehr auf seine Gefühle zu achten und sich mit Forderungen (vor allem sich selbst gegenüber) zurückzuhalten. Er wird versuchen, sich ohne schlechtes Gewissen Zeit für sich zu nehmen und sich auch mal verwöhnen zu lassen.

Befinden Sie sich in einer Minus-Situation?

Prüfen Sie öfter, ob Sie sich in einer Minus-Situation befinden. Stellen Sie sich dazu Fragen wie:

- Fühle ich mich erschöpft, überlastet, lustlos?
- Gehe ich manchmal mit Widerwillen an die Arbeit oder an andere Aufgaben?
- Neige ich dazu, körperliche Symptome zu ignorieren?
- Bin ich latent unzufrieden mit meiner Situation, obwohl ich scheinbar meine Ziele erreiche?

Wenn Sie eine dieser Fragen mit Ja beantwortet haben, sollten Sie umgehend klären, woher der Druck kommt, der Sie davon abhält, sich um Ihre Entlastung und Entspannung zu kümmern. Sie werden einen Weg aus dem Druck finden!

Den Druck positiv umdeuten

Eine wesentliche Voraussetzung, um dem Druck wirksam zu begegnen, besteht darin, dass Sie den Druck spüren – und innerlich zulassen, dass er überhaupt da ist. Dazu müssen Sie Ihre Gefühle kennen und nicht als unwichtig oder nebensächlich abtun.

Beispiel
Erinnern wir uns noch einmal an Herrn Greiner. Lange Zeit hat er nicht wahrhaben wollen, dass er unter Druck steht: „Es geht mir gut, ich brauche den Stress. Das regt mich an, bringt mir Erfolg und macht mich zufrieden." Erst als sein Körper ihn die Überforderung gravierend spüren ließ (Herzinfarkt), wurde er gezwungen, (vorübergehend) eine Auszeit zu nehmen. Doch kaum dass es ihm besser ging, wirkte der Druck aus dem Unbewussten und trieb ihn erneut an. Er hat also nicht wirklich erkannt, dass er sich ständig unter Druck setzte.

Vergessen Sie Körper und Seele nicht

Gerade (erfolgsorientierte) Männer glauben häufig, dass Gefühle Frauensache seien oder allenfalls in der Zweierbeziehung ihren Platz hätten. Doch sollten wir uns klar machen, dass die Sache so einfach nicht ist: Gefühle hat jeder, und es ist wichtig, sie wahrzunehmen. Eine andere Sache ist, zu entscheiden, wie man damit umgehen will.

1. Der erste Schritt ist, auf Symptome zu achten. Diese sind oft körperlicher Art – wer nervös ist, dem zittern die Hände, wer unter Dauerstress steht, kann nicht mehr richtig schlafen, wer Angst hat, dem krampft sich der Magen zusammen, etc.

2 Im zweiten Schritt gilt es, die Ursache für diese Symptome zu ergründen. Liegt dem Druck z. B. Überforderung oder Angst zugrunde? Oder welches andere Gefühle könnte dahinter stecken?

3 Erforschen Sie dann, wodurch die Drucksituation ausgelöst wird. Was genau setzt Sie unter Druck? Welche Kräfte wirken gegeneinander? Sind eher individuelle externe oder interne Druckauslöser beteiligt (s. S. 56 f.)?

Betrachten Sie es als Chance zur Veränderung, wenn Sie Druck wahrnehmen. Dazu haben Sie ja jetzt bereits einige Hilfsmittel kennen gelernt.

■ *Lassen Sie zu, dass diese Welt nicht ohne Druck existieren kann. Leider funktioniert das Leben nicht nach dem Grundsatz: Was nicht sein soll, ist auch nicht da. Es funktioniert anders: Obwohl Sie den Druck nicht zulassen und nicht spüren, wirkt er trotzdem – und zwar langfristig auf Ihre Gesundheit.* ■

Entwickeln Sie ein „Update"

Manche Menschen befürchten indes, dass alles nur noch schlimmer wird, wenn sie ihr Verhalten verändern. Diese Sorge ist nachvollziehbar. Aber machen Sie sich klar, dass Sie bestimmte Verhaltensweisen vielleicht aus der Kindheit mitgenommen haben. War Ihre Reaktion als Kind darauf die subjektiv beste (Ausgleich einer Mangellage), führt die Generalisierung der Reaktion heute dazu, dass Sie dieses Verhalten auch dann an den Tag legen, obwohl es Ihnen schadet und obwohl Ihre persönlichen Kompetenzen deutlich weiterentwickelt sind und dementsprechend auch Ihre Handlungsalternativen. Das ist wie ein altes Computerprogramm: Es wird den Anforderungen nicht mehr gerecht – obwohl es früher alle Erfordernisse erfüllt hat. Sie sollten also Ihre Verhaltensmuster auf die aktuelle Lebenssituation „updaten". Die Chance, sich differenziert mit Drucksituationen und Ihrem „typischen" Umgang damit auseinander zu setzen, besteht darin, dass Sie neue Reaktionen entwickeln können.

Erkennen Sie Ihre Anteile an der Situation

Nichts ist schlimmer als Druck, dem man ständig ausgesetzt ist und gegen den man sich nicht wehren kann – oder will. Oft wird die wichtige Frage „Worin liegen meine eigenen Anteile an der Situation, was habe ich damit zu tun?" gar nicht erst zugelassen. Doch bedenken Sie: Sie sind immer in irgendeiner Form an der Aufrechterhaltung einer Drucksituation beteiligt – vielleicht weil Sie eine Mangellage auszugleichen versuchen, vielleicht, weil Sie Angst vor einer Veränderung haben.

Beispiel

Sabine ist jüngste von drei Kindern und Papas Liebling. Sie wusste, dass sie eigentlich alles durchsetzen konnte, wenn sie sich lieb, ordentlich und nett verhielt, denn darauf legten die Eltern, vor allem der Vater, großen Wert. Sie hat schnell gelernt, ihren Vorteil aus „lieb, ordentlich und nett" zu ziehen. Ohne es zu merken, passte sie sich den Erwartungen der Eltern an und kam in der Familie damit gut zurecht.

Inzwischen ist sie 30 Jahre alt und hat einen guten Job in einer Werbeagentur. Da stellt sie eines Tages fest, dass sie in Verhandlungen mit

Kunden immer Zugeständnisse macht, obwohl die Konditionen zwischen ihr und ihrem Geschäftsführer vorher klar abgestimmt wurden. Und dass sie unter Druck gerät, wenn die Kunden zu erkennen geben, dass sie von ihrem Angebot enttäuscht sind. Sie gerät in ein Dilemma – ihre Nachgiebigkeit gefällt dem Chef natürlich gar nicht, und andere Kollegen schaffen es ja auch, härter zu verhandeln. Nach einiger Zeit wird Sabine der Zusammenhang mit ihrer Familiensituation klar: Bei Verhandlungen ist sie zu weich, weil sie immer gefallen musste, um Anerkennung und Beachtung zu finden. Darauf kommt es ihr heute zwar immer noch an, aber sie will nicht mehr den Preis dafür bezahlen. Sie trainiert also, ihre Souveränität auch in schwierigen Situationen zu bewahren und auf ihren Bedingungen zu beharren, selbst wenn ein Kunde dann einmal enttäuscht reagiert.

Wenn Sie herausgefunden haben, dass die eigentlichen Gründe für ihre Drucksituation nicht (ausschließlich) mit der aktuellen Situation zusammenhängen, können Sie sich neue Verhaltensziele setzen. Dabei können Sie auf die Anregungen ab S. 58 zurückgreifen. Jetzt müssen Sie natürlich noch lernen, mit diesem neuen Verhalten – Ihrer neuen „Programmversion" – zu arbeiten und Routine zu gewinnen. Bringen Sie dafür Geduld auf. Meistens bieten solche Programme mehr Möglichkeiten, als wir ahnen und nutzen können. Das gilt auch für menschliche Verhaltensvarianten. Die „schöpferische Kraft" ist unerschöpflich.

Mit Fehlern konstruktiv umgehen

Wenn Sie Drucksituationen, die aus Fehlern resultieren, besser in den Griff bekommen wollen, müssen Sie Ihre subjektive Einstellung zu Fehlern und deren Rahmenbedingungen auf den Prüfstand stellen.

Die Kernfragen, die unter diesem Aspekt zu klären sind, zielen weniger darauf ab, ob es eher Ihre eigenen Fehler oder die der anderen sind, die Sie unter Druck setzen. Wichtig ist vielmehr, dass Sie erkennen,

- welche Bedeutung Sie Fehlern grundsätzlich beimessen,
- und welche Bedeutung die entsprechende Fehler-Situation für Sie hat.

Analysieren Sie Ihre Fehlertoleranz

Hierzu können Sie die folgende Analyse machen. Nehmen Sie sich ein Blatt Papier im Querformat und übertragen Sie die folgende Tabelle.

Notieren Sie in die linke Spalte fünf Fehler, die Ihnen in der letzten Zeit passiert sind. Skizzieren Sie die jeweilige Situation so spontan wie möglich in ein paar Stichworten.

Fehleranalyse

Fehler	Punkte	Gründe	Alternativen	Auswirkungen
1.				
2.				
3.				
4.				
5.				

Wenn Sie alle fünf Fehler aufgeschrieben haben – bitte nicht vorher –, beantworten Sie bitte die folgenden Fragen und tragen Sie die Antworten in die entsprechenden Spalten ein.

- Spalte 2: Wie unangenehm ist Ihnen der jeweilige Fehler? Vergeben Sie dazu Punkte auf einer Skala von 0 = „gar nicht" bis 10 = „außerordentlich".
- Spalte 3: Welche Gründe haben dazu geführt, dass Sie den Fehler als unangenehm erlebt haben?
- Spalte 4: Was persönlich hätten Sie anders machen können, um den Fehler zu vermeiden (Handlungsalternativen)?
- Spalte 5: Welche Auswirkung hat der Fehler auf Sie gehabt?

Auswertung

Haben Sie alle fünf Fehler bearbeitet? Dann werten Sie jetzt die Tabelle aus, indem Sie folgende Zusammenhänge klären:

1. Sind Fehler für Sie vor allem dann unangenehm, wenn Sie keine Alternativen gefunden haben?
2. Sind Fehler für Sie besonders unangenehm, wenn ihre Wirkung groß war?
3. Sind Fehler für Sie generell unangenehm?
4. Sind Ihnen Fehler nicht oder kaum unangenehm (Summe der Spalte 2 liegt zwischen 0 und 15 Punkten)?

Ihre Antworten lassen sich mit großer Wahrscheinlichkeit verallgemeinern. Sie zeigen den für Sie eher typischen Umgang mit Fehlern. Und dies gibt Ihnen Hinweise darauf, wie Sie Fehlern vorbeugen oder gelassener mit ihnen umgehen können.

1 Ihnen haben Alternativen gefehlt

Beugen Sie Fehlern vor, indem Sie sich immer mehrere Optionen verschaffen. Legen Sie sich nie ausschließlich auf einen einzigen Lösungsweg fest. Entwickeln Sie einen Plan A und einen Alternativplan B. Stellen Sie sich trotzdem darauf ein, dass weder Plan A noch Plan B greifen und Sie spontan eine dritte Variante entwickeln müssen.

2 Fehler mit großer Wirkung

Was hat diese Wirkung ausgemacht? Sind Sie ein zu großes Risiko eingegangen? Dann sollten Sie versuchen, noch besser zu planen, die Fakten genauer zu analysieren und die Risiken sorgfältiger abzuwägen. Kalkulieren Sie dabei immer ein, dass Ihr Vorhaben auch scheitern kann. Planen Sie dafür „Netz und doppelten Boden": Was tun, wenn es schief geht? Sie könnten das Risiko und Ihre Vorkehrungen gegen ein Scheitern vorher mit einem Kollegen oder Ihrem Vorgesetzten besprechen.

3 Fehler sind Ihnen generell unangenehm

Den Anspruch an sich selbst, keine Fehler zu machen, sollten Sie relativieren. Natürlich ist es lobenswert, keine Fehler machen zu wollen. Vermeiden lassen sie sich nun aber einmal nicht vollständig. Für Sie scheint es daher wichtig zu sein, Ihre Einstellung zu Fehlern zu verändern: Nehmen Sie Fehler als Quelle für Veränderungen ernst und ziehen Sie Ihre Schlussfolgerungen daraus, was Sie verbessern können. So werden Sie sich ständig weiterentwickeln und Fehler als Chance begrüßen.

4 Fehler sind Ihnen kaum unangenehm

Entweder sind Ihnen Fehler gleichgültig und Sie befinden sich bereits in der inneren Kündigung (davon gehen wir aber nicht aus), oder Fehler sind für Sie das, was sie sein sollten: eine Chance, um zu lernen. Prüfen Sie dann aber trotzdem, ob Sie nicht einen einzelnen Fehler vielleicht als sehr unangenehm erlebt haben, Worin unterscheidet sich dieser Fehler von den anderen? Trifft einer der Punkte 1–3 zu, dann sollten Sie in diesen Situationen entsprechend reagieren. Ansonsten scheinen Fehler für Sie kein nennenswertes Druckpotenzial zu enthalten.

Vermeiden Sie Fehler durch gute Vorbereitung

Angst vor Fehlern und dem damit verbundenen Druck z. B. in Prüfungen, Präsentationen oder Auftritten können Sie natürlich sehr wirksam dadurch reduzieren, wenn Sie sich intensiv und umfassend vorbereiten und dadurch Fehler von vornherein vermeiden. Sicherheit bezogen auf die Inhalte und Fakten ist der beste Schutz vor Versagensängsten, die bekanntlich erheblichen Druck auslösen. (Mehr dazu im Kapitel „Grenzen setzen und Zeitdruck vermeiden", ab S. 97.)

Kritik gelassener annehmen

Wenn Sie Ihren Umgang und Ihre Einstellung zu Fehlern verändern bzw. verbessern, werden Sie sich auch durch Kritik nicht mehr so schnell aus dem Gleichgewicht bringen lassen. Doch damit Sie konstruktiv mit Kritik umgehen können, kommt es auch darauf an, genau herauszufinden, was Ihnen Ihr Kritiker sagen will. Friedemann Schulz von Thun hat uns dazu ein hilfreiches Instrument an die Hand gegeben, das ich Ihnen hier vorstellen möchte. Es kann Ihnen übrigens ganz allgemein dabei helfen, Ihre kommunikativen Fähigkeiten in Drucksituationen zu verbessern.

Erkennen Sie die Botschaft der Kritik

Nach Schulz von Thun enthält jede Nachricht – also auch eine an Sie gerichtete Kritik – vier Aspekte: Es gibt den Sachaspekt, den Appellaspekt, den Beziehungsaspekt und immer auch eine Aussage über den Sender selber, den Selbstoffenbarungsaspekt. In jeder Botschaft, die gesprochen wird, sind alle Aspekte vorhanden. Nur: Die drei letzten Aspekte bleiben häufig implizit, müssen also gedeutet werden. Und nicht alles, was implizit ist, ist auch stets deutlich „herauszuhören".

Beispiel: Kritik – oder keine?

Stellen Sie sich vor, Sie fahren auf eine Ampel zu. Da sagt Ihr Beifahrer plötzlich: „Achtung, da hinten die Ampel ist rot." Was sind die vier Aspekte dieser Nachricht? Der Sachaspekt ist einfach: Die Ampel ist wirklich rot, sie zeigt rotes Licht. Der zweite Aspekt – „Hey halt an!" – drückt eine klare Aufforderung, einen Appell aus. Der Beziehungsaspekt kann entweder heißen, „ich unterstütze dich" oder „ich kann besser Auto fahren als du." Beides liegt in dieser Nachricht. „Die Ampel ist rot" beinhaltet aber auch eine Aussage über den Sender. Er drückt damit aus, dass er Angst hat, dass der Fahrer bei Rotlicht auf eine Kreuzung fahren könnte. Dies ist der Selbstoffenbarungsaspekt.

Stellen Sie sich nun vor, Ihr Beifahrer wollte Sie eigentlich nur warnen. Sie aber verstehen seinen Hinweis ganz anders, nämlich als Einmischung und kritischen Vorwurf „Ich muss dich unterstützen, weil du schlechter fährst als ich."

Sie sagen: „So etwas kommt selten vor?" Gerade derartige Missverständnisse finden häufig zwischen Ehepartnern im Auto statt. Wie leicht wäre doch eine Klärung, wenn der Betroffene nachfragen würde: „Wie meinst du das?"

Die Analyse von Kritikkommunikation kann schnell zu Entspannung in der Drucksituation führen.

Welcher Aspekt gehört wird, hat nicht nur damit zu tun, welchen Aspekt der Sender in den Vordergrund gestellt hat, sondern natürlich auch damit, auf welchem Ohr der Empfänger besonders empfänglich ist. Denn: So wie es der eine Schnabel gemeint hat, hat es das andere Ohr leider nicht verstanden. Es gibt, wie Sie nun wissen, vier „Schnäbel", d. h. bevorzugte Aspekte beim Senden von Botschaften. Es gibt aber auch vier „Ohren", d. h. bevorzugte Aspekte beim Empfangen einer Botschaft.

Haben Sie ein Spezialohr?

Dann haben Sie vermutlich auch ein Ohr, auf dem sie besonders schlecht hören. Im folgenden Test können Sie untersuchen, welches Ihr „Spezialohr" ist – und welchen Aspekt Sie besonders gerne überhören. Wenn Sie Ihr „Spezialohr" kennen, ist der erste Schritt getan, auch die anderen Ohren wieder zu aktivieren. Wenn Sie dafür sensibilisiert sind, können Sie potenzielle Missverständnisse umgehen und sich auf den Inhalt der Kritik konzentrieren.

Kreuzen Sie bei jedem Beispiel bitte an, welche Ebene mit der Aussage gemeint ist. Danach kreuzen Sie bitte an, was der Empfänger Ihrer Meinung nach darauf antworten wird. Wenn Sie sich nicht entscheiden können, dürfen Sie auch zwei Kreuze setzen. Im Anschluss daran zählen Sie bitte zusammen, wie viele Kreuze Sie auf den einzelnen Ebenen gemacht haben.

Test: Mein Spezialohr

Abteilungsleiter zum Mitarbeiter: „Die Akte Schulz liegt ja immer noch hier!"	
Die Akte Schulz liegt hier.	❑ I
Sie sind wohl zu faul, die Akte wegzuräumen?	❑ B
Ich bin sauer, dass die Akte noch hier liegt. Ich hätte sie längst weggeräumt.	❑ S
Räumen Sie die Akte weg.	❑ A
Reaktion des Mitarbeiters darauf:	
Das ist richtig, die muss hier auch liegen.	❑ I

Mein Gott, ich brauche die Akte doch. Ich habe da meine eigene Ordnung.	❑ B
Ich hatte so viel zu tun. Sobald ich Zeit habe räume ich sie weg.	❑ S
Mach ich sofort!	❑ A
Mitarbeiter zum Vorgesetzten: „In der Zeitung stand heute ein interessanter Artikel über uns!"	
In der Zeitung stand ein Artikel.	❑ I
Ich möchte meine Beziehung zu Ihnen verbessern und möchte mit Ihnen über dieses Thema sprechen.	❑ B
Ich interessiere mich auch in der Freizeit für unsere Firma.	❑ S
Haben Sie ihn auch gelesen? Wie fanden Sie ihn?	❑ A
Reaktion des Vorgesetzten darauf:	
Was stand denn drin?	❑ I
Schön, dass Sie den Artikel auch gelesen haben. Ich freue mich darüber.	❑ B
Ich hätte nicht gedacht, dass Sie sich in Ihrer Freizeit mit der Arbeit beschäftigen.	❑ S
Habe ich gelesen. Stand 'ne Menge drin. Was halten Sie davon?	❑ A
Klaus, leicht verärgert, zu seiner Freundin: „Kommen deine Eltern etwa am Wochenende?"	
Kommen deine Eltern?	❑ I
Deine Eltern kommen häufiger als meine.	❑ B

Mir passt das nicht.	❑ S
Sag ihnen lieber ab.	❑ A
Reaktion der Freundin darauf:	
Sie wollen Samstag kommen.	❑ I
Ich werde doch meine Eltern einladen dürfen!	❑ B
Ich vermisse meine Eltern und möchte sie gerne sehen.	❑ S
Klar kommen sie, und sei bitte etwas netter zu ihnen.	❑ A
Ehefrau zu ihrem Mann: „Unser Garten verwildert total!"	
Der Garten verwildert.	❑ I
Wenn ich es dir nicht sage, tust du nichts im Garten.	❑ B
Ich ärgere mich über den Zustand!	❑ S
Mäh endlich den Rasen und bessere den Zaun aus!	❑ A
Reaktion des Ehemannes darauf:	
Wie hoch ist das Gras denn?	❑ I
Warum sagst du mir das? Du bist den ganzen Tag zu Hause, ich aber brauche meinen Feierabend. Für mich ist der Garten so in Ordnung.	❑ B
Wenn es dich stört, warum bestellst du keinen Gärtner? Und so ein bisschen Unkraut – mich stört das nicht.	❑ S
Ich gehe ja schon. Aber mein Bier darf ich wohl noch austrinken?!	❑ A

Der Ehemann sagt zu seiner Frau, während er die Post öffnet: „Bitte lass mich mal für 5 Minuten allein."	
Ich möchte 5 Minuten allein sein.	❑ I
Du störst mich.	❑ B
Ich will meine Ruhe haben.	❑ S
Bitte geh jetzt.	❑ A
Die Reaktion der Ehefrau:	
Kann ich dann in 5 Minuten wiederkommen?	❑ I
Was habe ich dir denn getan? Habe ich dich geärgert	❑ B
Wieso willst du jetzt allein sein? Darf ich etwas nicht wissen?	❑ S
Ich gehe ja schon.	❑ A

Wie oft haben Sie angekreuzt? Zählen Sie Ihre Kreuze zusammen!

I = Information/Sachaspekt: _______ Kreuze

B = Beziehungsaspekt: _______ Kreuze

S = Selbstoffenbarungsaspekt: _______ Kreuze

A = Appellaspekt: _______ Kreuze

Testauswertung

Sehr wahrscheinlich werden Sie auf allen Ebenen Kreuze gesetzt haben, insgesamt aber wird eine Ebene dominieren. Das ist dann Ihr Spezialohr. Stellen Sie danach fest, welche

Ebene Sie nicht oder im Verhältnis am wenigsten angekreuzt haben. Das ist das Ohr, auf dem Sie besonders schlecht hören. Gehen Sie wie folgt vor: Suchen Sie zuerst Ihr Spezialohr (rote Überschriften) und lesen Sie die Beschreibung. Suchen Sie anschließend in diesem Abschnitt nach dem Ohr, dass Sie am wenigsten angekreuzt haben (schwarze Überschriften): Hier finden Sie Hinweise, wie Sie Ihre Kommunikationsfähigkeit, vor allem aber Ihren Umgang mit Kritik, verbessern können.

Informationshören – wichtig für kritische Diskussionen

Sie sind überzeugt davon, dass jeder Mensch ein Recht auf seine eigene Meinung hat. Ist diese Meinung anders als Ihre eigene, können Sie das akzeptieren. Sie können es auch akzeptieren, wenn Ihre Vorschläge nicht angenommen werden, sind also ziemlich kritikfähig. Aber Sie erwarten dafür auch eine sachliche Begründung.

Sie sind fest davon überzeugt, dass Gefühle und Stimmungen nichts in einer Diskussion zu suchen haben. Haben Sie den Mut, die sachliche Seite hin und wieder auch einmal beiseite zu lassen. Wenn Sie kritisches Feedback erhalten, wird Ihnen Ihr Informationsohr zwar wertvolle Dienste leisten, doch passen Sie auf: Der Kritiker könnte ganz andere persönliche Ziele verfolgen. Will er z. B. seine Überlegenheit herausstellen, seine Unsicherheit verbergen oder Sie durch versteckte Angriffe in Misskredit bringen?

Denken Sie also daran, dass hinter einer sachlichen Begründung sehr oft auch eine emotionale Grundhaltung steht.

Selbstoffenbarungshören haben Sie kaum angekreuzt

Die Gefahr ist, dass Sie dazu neigen, Ihre Selbstoffenbarung hinter langatmigen Ausführungen zu verstecken oder gar nicht zu kommunizieren. Will Ihnen jemand zu verstehen geben, wie er sich selbst sieht, was er fühlt, dann neigen Sie dazu, diese Selbstoffenbarung auf der Sachebene zu prüfen. Stimmt für Sie diese sachliche Seite, dann stimmt für Sie auch der Mensch. Das kann bedeuten, dass Sie über wenig Menschenkenntnis verfügen und schon oft das Gefühl hatten, von Menschen enttäuscht worden zu sein. Achten Sie darauf, was der Mensch mit seinen Nachrichten über sich selbst mitteilt. Reagieren Sie einmal gezielt auf den gefühlsmäßigen Anteil einer Nachricht, nicht auf die sachliche Seite. Fragen Sie sich immer auch gleichzeitig: „Was will der andere mir über sich selbst mitteilen?"

Beziehungshören haben Sie kaum angekreuzt

Was andere Menschen von Ihnen halten, scheint Ihnen egal zu sein, selbst wenn Sie kritisiert werden. Doch dieser Schein trügt. Sie sind sehr wohl interessiert daran, wie andere Menschen Sie sehen. Sie müssen fragen, wenn Sie es wissen wollen. Herauszuhören, was andere von Ihnen halten, fällt Ihnen nämlich schwer, obwohl Ihr Umfeld Ihnen sicher öfter zu verstehen gibt, wie es zu Ihnen steht. Vergessen Sie ab und zu mal, die sachliche Seite zu prüfen, fragen Sie sich lieber: „Was will der andere mir über mich mitteilen, wenn er mich so (kritisch) anspricht?"

Appellhören haben Sie kaum angekreuzt

„Merkst du denn nicht, was der von dir will?" Diese Frage haben Ihnen Nahestehende bestimmt schon öfter gestellt. Ein Indiz, dass Sie an Sie gerichtete Erwartungen nicht registrieren. Versteckte Appelle sind Ihnen suspekt. Sie selbst sagen ja auch deutlich, was Sie wollen. Also erwarten Sie das auch von anderen. Denken Sie jedoch daran, dass die meisten Menschen dazu neigen, ihre Appelle zu verstecken. Gehen Sie auf Entdeckungsreise. Fragen Sie sich ab und zu: „Was will der andere mit seiner Aussage erreichen?"

Beziehungshören – lassen Sie sich von Kritik nicht überrollen

Für Sie ist das Wie einer Nachricht besonders wichtig. Sie wissen daher sehr gut, was andere von Ihnen halten, selbst wenn sie sich nicht offen äußern. Sie legen Wert darauf, respektiert zu werden. Sie sind immer mit persönlichem Engagement bei der Sache, und das heißt, dass Sie Kritik manchmal besonders hart treffen kann. Weil Ihre Selbsteinschätzung allerdings oft abhängig von dem ist, was andere von Ihnen halten, kippen Sie auch schnell mal um und nehmen die Meinung anderer an. Schließlich ist Ihnen sehr wichtig, dass Sie von Ihren Kollegen akzeptiert werden. Kritik jedoch nehmen Sie zu oft persönlich und reagieren enttäuscht oder ärgerlich.

Informationshören haben Sie kaum angekreuzt.

Sagt Ihnen jemand: „Es ist 13.00 Uhr", dann interessiert Sie die Uhrzeit am wenigsten. Sie hören die sachliche Seite einer

Botschaft selten mit, auch wenn nur sie gemeint ist. Prüfen Sie vor allem bei Kritik, was andere Ihnen als Sachinformation mitteilen möchten und versuchen Sie, gezielt darauf zu reagieren. Sonst laufen Sie Gefahr, einseitig auf die Kritik zu reagieren, die eigentliche Absicht des Kritikers nicht zu erfassen und sich unverstanden zu fühlen, ohne dass es einen Anlass dafür gäbe.

Selbstoffenbarungshören haben Sie kaum angekreuzt.

Wenn Ihnen jemand sagt, er sei niedergeschlagen oder traurig, dann fühlen Sie sich schuldig. Ebenso nehmen Sie schnell Kritik an, die gar nicht an Ihre Adresse geht, und fühlen Sie sich manchmal persönlich angegriffen, obwohl der andere Ihnen nur sagen wollte, wie es ihm geht. Setzen Sie sich nicht dadurch unnötig unter Druck. Prüfen Sie ab und zu: Was will der andere mir über sich sagen? Halten Sie sich vor Augen, dass Menschen Gefühle haben können, die nichts, aber auch gar nichts mit Ihnen zu tun haben.

Gerade bei Kritik, die mit Gefühlsausbrüchen einhergeht, tun Sie sich schwer. Denken Sie daran, dass ein Gefühlsausbruch zunächst nur ein Gradmesser für die Freude oder Verärgerung des anderen ist. Das hat mit Ihnen nichts zu tun. Trennen Sie daher die sachliche Botschaft von der emotionalen.

Appellhören haben Sie kaum angekreuzt.

Kritik hören Sie ungern. Doch anstatt beleidigt zu reagieren, könnten Sie auch feststellen: Was will der andere mit dem, was er sagt, erreichen? Was möchte er von mir? Aktivität ist hier eher gefordert als passives In-sich-zurück-Ziehen. Auch Hilferufe von anderen werden von Ihnen eher gedeutet als „Du bist schuld an meiner Misere". Machen Sie es sich in Zukunft leichter: Versuchen Sie so konstruktiv wie möglich zu reagieren.

Selbstoffenbarungshören – die Erwartungen verstehen

Sie sind ein guter Menschenkenner. Wie es um andere steht, was sie bewegt und was ihnen wichtig ist, das haben Sie schnell heraus. Sie haben keine Angst davor, sich mitzuteilen. Ihre Mitmenschen empfinden Sie als sehr einfühlsam und verständnisvoll. Sie machen sich nichts vor, Sie wissen sehr gut, was in Ihnen selbst und in anderen Menschen vorgeht. Und Sie können Ihre Gefühle äußern. Sie gestehen auch jedem Menschen das Recht auf eigene Gefühle zu. In der Regel bedeutet dies auch, dass Sie mit Kritik gut umgehen können und erkennen, wieso jemand kritisch reagiert. Es kann aber auch bedeuten, dass Sie Kritik manchmal zu wenig auf sich beziehen.

Informationshören haben Sie kaum angekreuzt.

Sagt jemand zu Ihnen: „Wir müssen mehr für den Umweltschutz tun", dann trachten Sie gleich danach festzustellen: „Warum sagt der das?" Die sachliche Seite – die Notwendigkeit, über diese Thema zu sprechen – wird von Ihnen so nicht wahrgenommen. Filtern Sie häufiger den Informationswert einer Botschaft heraus und was Sie damit anfangen können.

Beziehungshören haben Sie kaum angekreuzt.

Sie wissen immer schon im Voraus, wie es um den anderen steht. Dabei möchte der andere Ihnen vielleicht sagen, wie er zu Ihnen steht. Das bekommen Sie nicht immer mit. Wer sich aber über Sie ärgert, der sollte zunächst einmal vor seiner eigenen Haustür kehren, vielleicht kommt der Ärger daher - das scheint Ihre Grundhaltung zu sein. Auf der einen Seite sind Sie dadurch durch Kritik weniger betroffen als andere, auf der anderen Seite kann diese Haltung dazu führen, dass andere Menschen anfangen, Sie zu meiden – oder dass Ihnen entgeht, wann Sie wirklich auf Kritik hören sollten. Lassen Sie daher kritische Botschaften mehr an sich herankommen. Sie erfahren dadurch noch mehr über sich selbst.

Appellhören haben Sie kaum angekreuzt.

Appelle haben für Sie eher einen Offenbarungs- denn einen Aufforderungscharakter. Sie sind eher immun gegen Bitten, die unausgesprochen bleiben. Sie befassen sich eher damit, warum der andere hier eine Bitte an Sie richtet. Sie erleichtern sich den Umgang mit anderen Menschen, wenn Sie über die Beweggründe des anderen hinaus prüfen, was der andere für Absichten hat. Sie werden sehen, andere Menschen fühlen sich dadurch von Ihnen noch besser verstanden.

Appellhören – grenzen Sie sich ab

Sie wissen ganz genau, was andere von Ihnen wollen. Sie sind sehr hilfsbereit, zuvorkommend und engagiert. Sie gehören zu den Menschen, die selten eine Bitte ausschlagen. Damit unterliegen Sie der Gefahr, von anderen ausgenutzt zu werden. Entdecken Sie noch mehr Ihre eigenen Wünsche und Gefühle. Fragen Sie sich ab und zu: „Will ich das wirklich – was habe ich davon?" Dies kann bedeuten, dass Sie manchmal Kritik sehr schnell annehmen – und sich schon vorauseilend Gedanken über eine Alternative machen, die v. a. dem anderen entgegenkommt. Beziehen Sie nicht gleich jede Kritik auf sich. Manchmal können ganz andere Faktoren zu der kritikwürdigen Situation geführt haben.

Informationshören haben Sie kaum angekreuzt.

Sie vermuten hinter jeder Aussage eine Absicht, dabei geht die sachliche Information verloren. Nicht jeder, der eine Bemerkung macht, will etwas von Ihnen. Fragen Sie sich ab und zu, was an rein sachlicher Information in einer Aussage steckt, und versuchen Sie einmal stärker darauf zu reagieren. Sie werden sich dann nicht mehr so sehr unter Zugzwang gesetzt sehen.

Beziehungshören haben Sie kaum angekreuzt.

Ob andere Menschen Sie sympathisch finden, ist für Sie immer eine Frage dessen, was Sie für andere geleistet haben. Doch auch ohne dass Sie ständig etwas für andere tun, wird man Sie mögen. Wenn Sie das akzeptieren können, dann sind Sie auch in der Lage, festzustellen, wie jemand wirklich zu Ihnen steht und können Sach- und Beziehungsebene besser trennen, was Sie letztlich gegen ungerechtfertigte Kritik immun macht.

Selbstoffenbarungshören haben Sie kaum angekreuzt

Gefühlsausbrüche anderer führen oft dazu, dass Sie sofort überlegen, wie Sie dem anderen helfen können. Sagt etwa jemand: „Ich will meine Ruhe haben", dann sorgen Sie dafür, wo er ein ruhiges Plätzchen findet, obwohl er die Wahl des Platzes vielleicht selbst vornehmen wollte. Fügt er dann noch an: „Du brauchst dich nicht darum zu kümmern", dann kaufen Sie es ihm nicht ab oder denken: „Warum sagt er dann, dass er seine Ruhe haben will?" Doch Gefühlsäußerungen haben oft eher einen Mitteilungs- als Aufforderungscharakter. Fragen Sie sich: „Was sagt der andere mir über sich?" Damit lernen Sie die Wünsche anderer ebenfalls besser kennen. Zeigen Sie bei kritischen Äußerungen Verständnis für die Motive des anderen und prüfen Sie gleichzeitig, ob die Sache wirklich mit Ihnen zu tun hat.

Nehmen Sie Kritik als Feedback auf

Sie werden merken, wie Sie mit Kritik souveräner umgehen können – allein dadurch, dass Sie diese Analyse beherzigen. Trainieren Sie in entspannten Situationen, mit allen Ohren zu verstehen. So werden Sie sich nicht mehr so schnell verletzt oder unter Druck gesetzt fühlen, wenn Sie kritisiert werden. Dieses Bewusstsein für Ihre kommunikativen Strategien wird Ihnen aber auch in anderen kritischen oder belastenden Situationen helfen, etwa dabei, in Konflikten die Gründe für Missverständnisse schneller zu identifizieren.

Wenn Sie die Kritik annehmen, sollten Sie dies auch so tun, dass das gute Arbeitsklima gewahrt bleibt. Kritik ist eine

Form von Feedback. Es ist ein wertvolles Geschenk, das Sie bereichern kann. Sie können entscheiden, was Sie damit anfangen – nicht der Feedbackgeber. Wenn Sie diese positive Einstellung zu Feedback entwickeln, dann werden Sie ebenfalls Kritik nicht mehr als belastend empfinden, sondern daraus lernen.

Feedback ist eine Rückmeldung, die Ihnen hilft, Ihre blinden Flecken zu erkennen – also die Schwächen, die man selbst nicht sieht, andere sehr wohl. Wer Feedback konstruktiv aufnimmt, wird sein Selbstbewusstsein stärken und mehr Sicherheit erlangen.

Wenn Sie die folgenden Regeln beachten, werden Sie Kritik selbst richtig geben und souverän annehmen können.

Wenn Sie Feedback geben

Achten Sie darauf, dass das Ziel Ihrer Kritik klar ist. Sprechen Sie den Feedback-Empfänger direkt an und stellen Sie Blickkontakt her. Benutzen Sie möglichst die Ich-Form und nicht die Man-Form, sonst wirkt Ihr Feedback unpersönlich. Nennen Sie konkrete Situationen und beschreiben Sie Beispiele, die Ihnen negativ aufgefallen sind. Beziehen Sie sich dabei nicht auf die Person, sondern auf das kritikwürdige Verhalten (oder Ergebnisse etc.). Sagen Sie, welche Folgen dieses Verhalten für Sie hat und wie es auf Sie wirkt. Unterscheiden Sie also gut zwischen persönlicher Wahrnehmung und Behauptung!

Beispiel
Sagen Sie nicht „Sie sind so und so …", sondern: „Sie haben so und so auf mich gewirkt, weil…"

Auch bei negativem Feedback ist es wichtig, positive Aspekte herauszustellen. Dann wird Ihr Gegenüber die Kritik leichter akzeptieren. Sprechen Sie Wünsche, Möglichkeiten, Alternativen und Verbesserungsvorschläge an.

Wenn Sie Feedback erhalten

Hören Sie Ihrem Kritiker zu und fallen Sie ihm nicht gleich ins Wort. Stellen Sie mittels Nachfragen klar, dass Sie alles richtig verstanden haben. Rechtfertigen Sie sich nicht sofort für Ihr Tun. Überdenken Sie lieber, was Sie von der Kritik annehmen können und wollen (wobei Sie auf alle Ebenen der Botschaft achten sollten). Vergessen Sie nicht, sich für faires Feedback zu bedanken.

Konflikte aktiv angehen

Ein Zusammenleben ganz ohne Konflikte ist nicht denkbar. Darin liegt ja auch der Reiz. Denn die Vielfalt der Menschen und ihr Facettenreichtum an Verhaltensweisen machen diese Welt so bunt, wie sie ist. Wenn Sie diese Vielfalt als Chance erleben wollen, sollten Sie mit Mut in Meinungsverschiedenheiten „hineingehen". Interessieren Sie sich für die Unterschiede der Sichtweisen und Einschätzungen der Beteiligten.

Den Begriff „Standpunkt" wollen wir hier übrigens vermeiden. Er suggeriert, dass es einen richtigen Punkt gibt, an dem jemand steht. Starrheit, Sturheit, Unflexibilität und der Mangel an Empfindung für eine situationsadäquate Reaktion werden darin sichtbar. Genau diese Haltung macht den Umgang mit Konflikten (und Kritik) so schwierig: Wenn es nur darum geht, den eigenen Standpunkt zu behaupten, geht es um Macht. Dann geht es nicht mehr darum, die beste Lösung zu finden und etwas gemeinsam zu entwickeln, sondern nur noch darum, den anderen zu besiegen.

Konfliktanalyse – um was geht es eigentlich?

Um eine Konfliktsituation lösen zu können, müssen Sie

1. klären, wer beteiligt ist,
2. wissen, um was es geht (Konfliktgegenstand),
3. dazu den Anlass des Konflikts von dessen eigentlicher Ursache trennen,
4. die Persönlichkeitsstrukturen der Beteiligten berücksichtigen,
5. und ein gemeinsames Ziel (Lösung) festlegen.

Beispiel

Auf dem Gang kommen Sie an zwei Kollegen vorbei, die sich in einem heftigen Wortgefecht befinden. Beide Kollegen arbeiten an einem zweigeteilten Projekt, über dessen Zwischenstand in den nächsten Tagen beim Firmenvorstand zu berichten ist. Kollege Ahrens, so haben Sie herausgehört, hat zum vereinbarten Stichtag seinen Teil der Präsentation dem Kollegen Bruhns vorgelegt. Der sollte die beiden Teilprojekte wie immer zusammenfassen, damit sie dem Vorstand präsentiert werden können. Herr Ahrens musste nun feststellen, dass Herr Bruhns die Präsentation bereits abschließend bearbeitet hat. Er hat sich dazu die nötigen Infos einfach aus dem Intranet der Firma geholt. Kollege Ahrens ärgert sich natürlich darüber und besteht darauf, dass Herr Bruhns seine Ausarbeitung in die Präsentation aufnimmt. Darauf erwidert Herr Bruhns: „Ich habe meine Arbeit schon erledigt. Sehen Sie doch mal durch, ob ich das so richtig gemacht habe." Herr Ahrens ist mit diesem Verfahren nicht einverstanden. Er habe schließlich seinen Teil termingerecht vorgelegt, und Herr Bruhns solle sich an die Abmachung halten. So geht die Argumentation ständig hin und her, und keiner der beiden will nachgeben.

So geht es häufig: Beide Seiten drehen sich um den aktuellen Konfliktanlass und machen sich nicht bewusst, dass das Problem an ganz anderer Stelle zu suchen ist. Dadurch finden sie auch keine Lösung – und die scheinbar ausweglose Situation hält den Konflikt am Kochen, der Druck verstärkt sich. Wir schauen uns also die Situation genauer an.

Konfliktgegenstand und Ursache finden

Den Konfliktgegenstand identifizieren Sie, indem Sie sich fragen: Worum geht es denn hier überhaupt? Ist es wirklich die Präsentation? Natürlich nicht. Es geht um die Art der Zusammenarbeit von zwei Kollegen. Der Konfliktgegenstand ist also die Zusammenarbeit der beiden. Wir vermuten, dass es schon früher Schwierigkeiten gegeben hat und vor allem: Wir vermuten, dass es auch in Zukunft Schwierigkeiten geben wird, wenn die beiden Kontrahenten nicht den wahren Grund, nämlich die Konfliktursache herausbekommen.

Beispiel

Als unbeteiligter Dritter schalten Sie sich nach einiger Zeit ein und fragen die beiden Kontrahenten: „Kann ich Ihnen irgendwie helfen?" Etwas erstaunt lassen sich die beiden Streitenden darauf ein und fragen, was Sie vorschlagen würden. Sie lassen sich die Situation von beiden schildern: Herr Ahrens sagt abschließend: „Herr Bruhns will immer seinen eigenen Kopf durchsetzen und den Ton angeben." Woraufhin Herr Bruhns argumentiert: „Nein, so ist es nicht. Die letzten Male hat Herr Ahrens immer zu spät abgeliefert. Ich hatte dann die Wahl, Herrn Ahrens auflaufen zu lassen oder zu improvisieren – und beides will ich nicht. Deshalb habe ich mich entschieden, dieses Mal die Präsentation alleine vorzubereiten und zum Stichtag fertig zu haben."

Die Konfliktursache scheint demnach in den unterschiedlichen Persönlichkeiten und ihren jeweiligen Arbeitsweisen zu liegen – aber auch in der mangelnden Kommunikation zwischen den Konfliktgegnern. Außerdem spielt die Erfahrung mit hinein, die beide in der Vergangenheit miteinander gemacht haben – jeder zieht seine Schlüsse daraus für den Umgang mit dem anderen. Hier hilft nur, mit dem Konfliktpartner nach den Gründen zu suchen, warum die Dinge so unterschiedlich gesehen werden. Das hängt natürlich auch mit den beteiligten Personen zusammen. Im Kapitel „Den persönlichen Anteil erkennen" (ab S. 42) haben Sie bereits Hinweise erhalten, was jeder der Beteiligten benötigt, um zufriedenstellend mit dem anderen zusammenarbeiten zu können. Die verschiedenen Persönlichkeiten zeigen auch unterschiedliches Konfliktverhalten.

Überprüfen Sie Ihr Konfliktverhalten

Deshalb lohnt es sich, Ihr eigenes Konfliktverhalten und Ihre „persönlichen" Konfliktauslöser genauer unter die Lupe nehmen. Dabei erhalten Sie gleichzeitig Hinweise auf Ihre eigenen, typischen Verhaltensmuster im Konflikt, und die typischen Verhaltensweisen und Reaktionen Ihrer Konfliktpartner.

Unter Druck reagiert man in der Regel mit seinem „Heimathafen" (S. 53). Besonders Distanzmenschen verlassen sich in

Konfliktsituationen gerne ausschließlich auf sich selbst. Sie ziehen sich zurück, entwickeln Lösungen und „tauchen" erst wieder auf, wenn sie die Sache endgültig bereinigen können oder wollen. Nähemenschen hingegen scharen lieber andere Leute um sich und bitten um Hilfe. Aber auch die Strategien der Konfliktlösung entsprechen dem „Heimathafen": So verlässt sich ein Dauermensch gerne auf das, was er kennt und schon immer gemacht hat. Er sucht die Lösung in der Verbesserung. Der Wechselmensch geht eher neue Wege, improvisiert und ist kreativ. Finden Sie mit dem folgenden Schema die für Sie typischen Konfliktauslöser heraus!

Typische Konfliktauslöser der vier Persönlichkeitstpyen

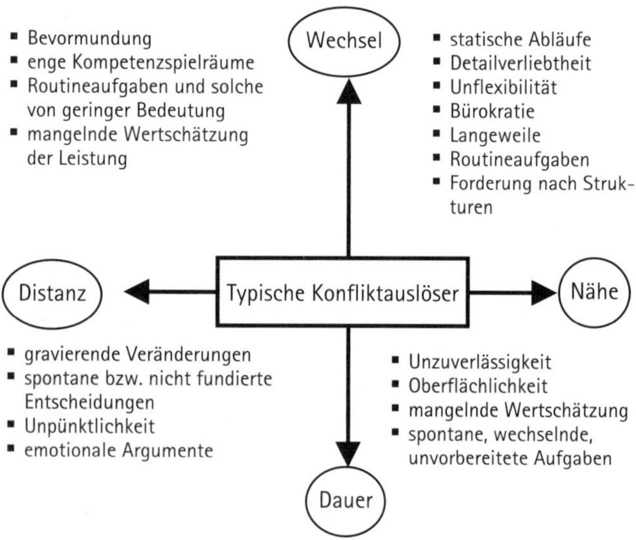

Entscheiden Sie dann, ob Sie sich ihretwegen weiterhin unter Druck setzen und/oder in Konflikte einlassen wollen, oder ob Sie lieber versuchen, anders als bisher auf die kritischen Situationen zu reagieren. Stoßen Sie auf nur wenige Auslöser in Ihrem Quadranten, zeigt dies, dass es nicht so viele Aspekte gibt, die für Sie Konfliktpotenzial bieten. Das sagt aber nichts darüber aus, wie häufig Sie sich in Konflikte hineinbegeben oder in eine Auseinandersetzung gezogen werden. Andersherum gilt natürlich das Gleiche: Viele Konfliktauslöser müssen nicht bedeuten, dass Sie sich kontinuierlich mit anderen streiten.

Typisches Konfliktverhalten der vier Persönlichkeitstpyen

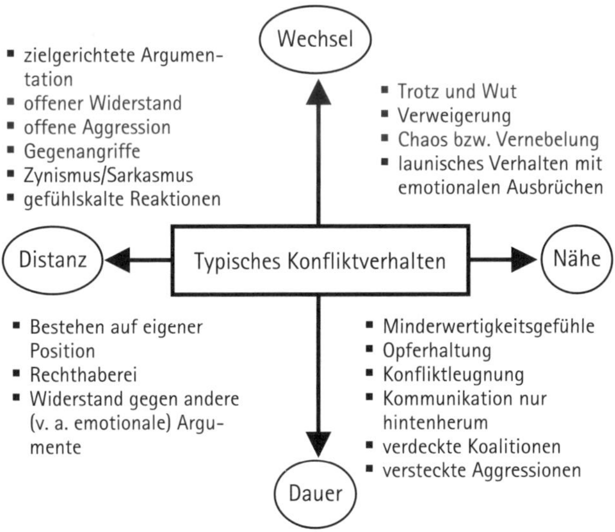

Ändern Sie schädliches Verhalten!

Um Ihr Verhalten in Konfliktsituationen zu ändern, bieten sich zwei generelle Möglichkeiten:

- Sie machen sich Ihr Konfliktpotenzial klar und versuchen, aus Ihren üblichen Verhaltensmustern auszubrechen. Nehmen Sie sich dazu aus der aktuellen Situation heraus wie auf S. 58 beschrieben.
- Sie analysieren die typischen Konfliktauslöser Ihres Partners und vermeiden das entsprechende Verhalten.

Das heißt nicht, dass Sie kontroverse Themen umgehen müssen. Versuchen Sie stattdessen eine förderliche Konfliktbearbeitung. Dazu gehört ein Klima, das auf gegenseitiger Wertschätzung und Würdigung der Besonderheiten aller Beteiligten aufbaut (Stärken und Schwächen, siehe Tabelle S. 54 f.). Gehen Sie mit einer gelassenen und souveränen Haltung an die Sache. Wenn Sie diese Einstellung durchhalten, werden Ihre Konfliktpartner einen unwürdigen Umgangsstil kaum über längere Zeit durchhalten können.

Wie erreichen Sie eine förderliche Konfliktbearbeitung?

Machen Sie sich vorweg Konfliktsituation, Ihre typischen Konfliktauslöser und die Ihres Partners bewusst (damit Sie nicht unnötig „Öl ins Feuer gießen"). Ziehen Sie in Erwägung, dass der eigentliche Auslöser nicht der wahre Grund des Konflikts ist. Vielleicht liegt er gerade bei einem Ihrer persönlichen Druckauslöser? Prüfen Sie dann, wie Sie und Ihr

Gegenüber sich im Konflikt bisher verhalten haben – nach einem typischen Muster? So können Sie davon abstrahieren und sich stärker auf die Inhalte konzentrieren. Stellen Sie Ihr eigenes Konfliktverhalten auf den Prüfstand und verändern Sie Ihre Muster, wird sich vermutlich auch der Konfliktpartner Ihnen gegenüber anders verhalten. Und so gehen Sie praktisch vor:

1 Suchen Sie eine günstige Gelegenheit für ein Gespräch.

2 Benennen Sie das Thema Ihrer Meinungsverschiedenheit und fragen Sie Ihren Konfliktpartner, ob er die Sache ebenso kritisch sieht. Ist dies nicht der Fall, reicht es, dass Sie sagen, Sie haben ein Problem damit.

3 Vereinbaren Sie, dass jeder die Gelegenheit erhält, seine Sichtweise darzustellen.

4 Lenken Sie nach diesen Darstelllungen die Suche auf die Unterschiedlichkeiten: Worin unterscheiden sich Ihre Sichtweisen wirklich? Was genau verstehen Sie anders als Ihr Gegenüber? Welche unterschiedlichen Ziele haben Sie? Versuchen Sie anschließend die Gründe dafür zu analysieren.

■ *Geben Sie hier nicht zu früh auf! Denn wenn dieser Schritt gelingt, sind Sie schon Meilen vorangekommen. Wenn Sie beim ersten Mal nicht weiterkommen, vereinbaren Sie einen neuen Termin!* ■

6 Klären Sie dann miteinander, ob auf beiden Seiten die Bereitschaft besteht, von der bisherigen Position abzurücken. Gibt es hier keine Veränderungsbereitschaft, wird es

auch keine Vereinbarung geben. Das Beharren auf „Standpunkten" hatten Sie ja bereits erfolglos miteinander ausprobiert.

7 Suchen Sie gemeinsam nach einer Lösung. Achten Sie darauf, dass jeder sein Gesicht wahren kann.

8 Vereinbaren Sie einen Zeitpunkt, zu dem Sie die Lösung gemeinsam überprüfen werden. Treffen Sie sich aber nicht erst wieder, wenn etwas schief gegangen ist, sondern nutzen Sie Situationen, in denen Sie wohlwollend nachsteuern können.

Sorgen Sie für ein konfliktfähiges Umfeld

Natürlich gibt es auch Konflikte, die sich nicht auf Anhieb lösen lassen. Wenn etwa das Interesse fehlt, weil ein Partner deutlich mehr Vorteile aus der Aufrechterhaltung des Konflikts zieht als der andere. Oder einer der Beteiligten will aus objektiv nachvollziehbaren Gründen nicht nachgeben.

Beispiel

Abteilungsleiter Knapp beauftragt eine externe Firma mit der Wartung seiner Bürokommunikationsgeräte, obwohl es dafür einen Rahmenvertrag mit einer anderen Firma gibt. Herr Klaus, verantwortlich für das Facilitymanagement und beauftragt, alle Abteilungen in diesen Vertrag einzubinden, beschwert sich. Doch es kommt zu keiner Einigung mit Herrn Knapp, weil dieser nachweisen kann, dass für ihn diese Lösung billiger und daher für das Unternehmen besser ist. Dennoch fühlt sich Herr Klaus nicht wohl, weil seine Anweisung nicht befolgt wurde und er fürchtet, dass jetzt jeder sein eigenes Süppchen kocht.

Wenn die Konfliktgegner auf ihrem Standpunkt beharren, hilft nur die Einschaltung eines Vermittlers oder eine Entscheidung des Vorgesetzten.

Doch schlimmer ist es, wenn eine Konfliktpartei prinzipiell nicht bereit ist, Konflikte auszuhandeln. Diese Art der Konfliktunfähigkeit kommt in Unternehmen gar nicht so selten vor. Oft zeigt sich dies in einem Betriebsklima, wo Vorgesetzte Konflikte unter den Teppich kehren, extrem formalistisch und/oder patriarchalisch (aggressiv-dominant) agieren. Dann werden Konflikte nicht gelöst, sondern ausgesessen oder dirigistisch „beseitigt".

■ *Lassen Sie es nicht dazu kommen. Schaffen Sie in Ihrem Umfeld ein konfliktfreundliches Klima. Auseinandersetzungen sollten ebenso selbstverständlich und konstruktiv behandelt werden wie Kritik und Anerkennung.* ■

Dazu können Sie beitragen, indem Sie Kritik als eine Form des Feedbacks ansehen (siehe S. 87). Eine gute Feedback-Kultur im Unternehmen wird die Konfliktfähigkeit aller Mitarbeiter und Vorgesetzten verbessern.

Grenzen setzen und Zeitdruck vermeiden

Warum fällt es uns so schwer, uns abzugrenzen? Warum finden wir so schwer ein ausgewogenes Verhältnis zwischen den eigenen Bedürfnissen auf der einen und den Erwartungen, Wünschen und Forderungen, die von außen an uns herangetragen werden, auf der anderen Seite? Das liegt daran, dass der Mensch ein soziales Wesen ist. Von Geburt an ist er auf andere angewiesen und wird dies auch sein Leben lang bleiben. Und unser Leben wird von Ängsten bestimmt, nicht dazuzugehören, wertlos, unnütz und vor allem (dauerhaft) allein zu sein.

Womit können wir diesen Ängsten am besten begegnen? Indem wir uns mit anderen zusammentun und uns für sie nützlich machen. Besonders unsere Arbeit gibt uns das Gefühl, wertvoll, nützlich und anerkannt zu sein. Aber auch das soziale Umfeld – wie Familie, Freundeskreis, Nachbarschaft, Verein oder Verband – gibt uns die Sicherheit und das Gefühl, dazuzugehören. Aus diesem Grund fällt es uns aber auch so schwer, uns abzugrenzen, wenn wir um einen Gefallen gebeten werden. Denn Abgrenzung bedeutet Nein zu sagen und Erwartungen und Forderungen, die an uns gerichtet sind, zu „ent-täuschen".

Beispiel

„Wenden Sie sich an Herrn Proof, der kennt sich mit Bürokommunikationsgeräten aus", empfiehlt der Kollege Herrn Mauer, als der ihn wegen seines Organizers um Rat fragt. Darauf angesprochen, antwortet Herr Proof: „Das tut mir Leid, mit der Programmierung kenne ich mich nicht aus."

Enttäuschung heißt im Grunde: Wir lösen die Täuschung eines anderen auf. Egal, ob unsere Absage schroff oder behutsam, arrogant oder einfühlsam ausfällt – es bleibt bei der Tatsache: Jemand hat sich darüber getäuscht, dass wir seine Erwartungen erfüllen würden, und das klären wir auf.

Wenn Sie es so sehen, fällt es Ihnen vielleicht leichter, sich abzugrenzen – auch wenn Sie dadurch andere enttäuschen. Es hilft Ihnen sicher auch, genauer auf Ihr eigenes Gefühl zu achten und darauf, ob Sie sich auch wirklich abgrenzen wollen. Können sollten Sie es!

So vermeiden Sie Zeitdruck

Auch für Ihr Zeitmanagement ist Abgrenzung ein unerlässliches Mittel. Denn dass man sich nicht genügend abgrenzt, hat häufig zur Folge, dass man selbst unter Zeitdruck gerät. Wer immer Zeit hat, anderen zu helfen, wird eben auch leicht ausgenutzt. Doch nicht jeder geht gleich damit um.

Stellen Sie sich folgende Situation vor: Ein Kollege bittet Sie um Hilfe, Sie haben aber wenig Zeit – erkennen Sie sich vielleicht in einer der folgenden Reaktionen wieder?

- Der eine kann sich recht gut abgrenzen, schafft dies aber nur in einem Ton, der den anderen verletzt oder vor den Kopf stößt.
- Der Nächste tut sich ausgesprochen schwer, die Erwartung des anderen zu enttäuschen und sagt erst einmal zu – ohne zu überlegen, dass seine Hilfsbereitschaft gerade mit den eigenen Bedürfnissen kollidiert.
- Der Dritte analysiert nüchtern und unpersönlich und schildert, wie seine Zeit verplant ist, und das mit einer Genauigkeit, die den Frager bereits dazu treibt, sich zu ärgern, dass er überhaupt gefragt hat.

- Der Vierte freut sich geradezu über die Anfrage und schmeißt ihretwegen alle Pläne über den Haufen, lässt alles liegen und stehen und stürzt sich in die Aufgabe.

Wie kommt es, dass Menschen so unterschiedlich reagieren? Wo doch die meisten an der einen oder anderen Stelle mit der knappen Zeit kämpfen ... Schauen wir uns das unter dem Gesichtspunkt der Grundstrebungen der Persönlichkeit einmal genauer an.

Zeitdruck ist ein Ausdruck unserer Zeit.

Identifizieren Sie Ihre Zeitfresser

Schauen Sie sich in der Grafik auf der nächsten Seite „Ihren" und die anderen Quadranten an. Finden Sie typische Zeitfresser, die auch auf Sie zutreffen?

Arbeiten Sie anschließend mit der darunter stehenden Tabelle: Ergänzen Sie Ihre Zeitfresser und schreiben Sie nach dem Muster der Beispiele zu jedem ein „Gegenmittel" auf. Dieses Verhalten nehmen Sie dann in Ihr Repertoire auf – nur so können Sie sich unnötige Zeitverschwendung systematisch „abtrainieren".

Nehmen Sie sich aber nicht zu viel auf einmal vor, am besten zunächst nur drei Zeitfresser. Wenn Sie glauben, Sie haben diese in den Griff bekommen, können Sie sich neue Ziele setzen. Denn: Lieber 70 Prozent schaffen als 100 Prozent wollen!

Zeitfresser der vier Persönlichkeitstypen

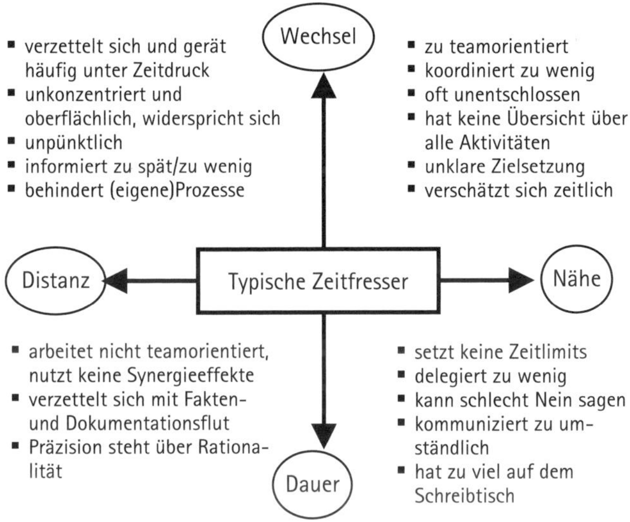

Meine Zeitfresser

Ihre Angewohnheit	Ihr Ziel
Sie verlieren sich häufig im Detail.	Auf das Verhältnis von Wirkung und Aufwand achten!
Sie haben viel zu viel auf dem Schreibtisch.	Verlasse ich abends das Büro, sind alle Vorgänge aufgeräumt und keine „Aktenmieten" im Schrank.

Sie wollen zu viel auf einmal.	Jeden Morgen plane ich Prioritäten (3 Minuten) und halten mich daran. Kollegen und Mitarbeiter dürfen meine Prioritäten kennen.
...	

Widerstände kooperativ auflösen

In diesem Kapitel geht es um Widerstände in der Zusammenarbeit – also um Situationen, in denen Sie Gegendruck erzeugen oder zu spüren bekommen.

Kleine Übung

Suchen Sie sich einen Partner und bitten Sie ihn zu einem kleinen Experiment. Fordern Sie ihn auf, sich vor Sie zu stellen und den rechten Arm anzuwinkeln, sodass Schulter und Oberarm eine Linie bilden und Unterarm und Hand senkrecht nach oben weisen. Die Handfläche ist geöffnet und zeigt zu Ihnen. Mehr Anweisungen geben Sie nicht. Nun legen Sie Ihre rechte Handfläche auf die Handfläche Ihres Partners und fangen leicht und spielerisch an, Druck auszuüben. Verstärken Sie dann langsam den Druck, bis Sie Ihrem Partner den Arm ein wenig nach hinten gedrückt haben und ihn hier halten.

Was passiert? In aller Regel übt der Partner Gegendruck aus. Worauf Sie den Druck verstärken und der Partner ebenfalls. Doch haben Sie Ihrem Partner dazu eigentlich eine Anweisung gegeben? Hoffentlich nicht, denn darauf kam es an!

Sie können an dieser kleinen Übung erkennen, dass wir dazu neigen, auf Druck mit Gegendruck zu reagieren. Das begründet, warum Menschen oder Gruppen in der Regel erst einmal Widerstand leisten, wenn sie unmittelbar unter Druck geraten. In diesem Widerstand sind alle Energien gebündelt, die der Mensch bzw. die Gruppe aufzuweisen hat. So wird Ihr Partner bei der Übung kaum Energie darauf verschwendet haben, gleichzeitig eine schwierige Denkaufgabe zu lösen, sondern seine Kräfte und Gedanken auf Ihren Druck (und auf Sie) gerichtet haben.

Wenn man den Druck verstärkt, kommt man in der Regel erst recht nicht an andere (womöglich konstruktive) Energien heran – denn der forcierte Widerstand frisst noch mehr Ressourcen. (Das ist übrigens einer der Gründe, warum ich Führungskräften in der Regel nicht empfehle, ihr Team unter Dauerdruck zu setzen!)

Beispiel

Mr. Little hat wegen einer Präsentation einen Termin bei seinem Chef. Aus dem Intranet weiß er, dass Mr. Solution dafür nur 15 Minuten eingeplant hat. Daher platzt er gleich zu Beginn heraus, dass 15 Minuten für das Gespräch viel zu kurz seien und er so gar nicht erst beginnen bräuchte. Herr Solution sieht sich mit Widerstand konfrontiert – will Herr Little jetzt etwa seine Arbeit verweigern?

Woran erkennen Sie Widerstand?

Ob bei sich selbst oder bei anderen, Widerstand können Sie an folgenden Erscheinungsformen erkennen:

- häufige Äußerungen von Zweifel oder Kritik,
- Sturheit und Verweigerung in der Kommunikation,
- Nachlassen der Arbeitsmoral (Symptome wie Unpünktlichkeit, Vergesslichkeit, Nachlässigkeit),
- Nachlassen der Arbeitsleistung,
- Verschlechterung der Atmosphäre bis zur dauerhaft schlechten Stimmung,
- zähes Festhalten an eingefahrenen Verfahren und Prozessen und Meinungen
- überzogene oder dauerhafte (Gegen-)Forderungen,
- Machtkämpfe.

Wird kein Ausweg gefunden, verhärten sich die Fronten und die Situation fährt sich irgendwann fest.

Alternativen zum Widerstand finden

Vielleicht sind Sie in einer Situation, in der Sie selbst glauben Widerstand ausüben zu müssen. Vielleicht ist es notwendig, vielleicht machen Sie es nur aus Solidarität mit anderen. Vielleicht kommen Ihnen aber auch Zweifel, dass dies der richtige Weg ist. Womöglich spüren Sie aber auch Widerstand, dem Sie etwas entgegen setzen müssen.

Erinnern Sie sich: Im Widerstand ist alle Energie gebündelt. Sehen Sie dies als Chance und finden Sie einen anderen

Weg, als mit Gegendruck zu reagieren. Suchen Sie dafür mit dem Gegner, der den Druck oder Widerstand aufbaut, nach gemeinsamen (vielleicht übergeordneten) Zielen. Klären Sie die Übereinstimmungen. Stellen Sie dann das gemeinsame Ziel als handlungsleitend in den Vordergrund.

Beispiel

Dem in Führungsfragen erfahrenen Mr. Solution ist klar: Gegendruck aufzubauen ist hier nicht sinnvoll. Er fragt Herrn Little: „Wie viel Zeit bräuchten Sie denn, damit sich das Gespräch lohnt?" Herr Little reagiert gleich viel ruhiger: „Eine halbe Stunde, denn die Präsentation dauert 20 Minuten. Außerdem würde ich gerne von Ihnen eine ausführliche Rückmeldung erhalten." Daraufhin antwortet Mr. Solution: „Es ist gut, dass wir darüber gesprochen haben. Sie haben für die Präsentation beim Vorstand nämlich nur 15 Minuten Zeit. Ich möchte Ihnen aber gerne ein ausführliches Feedback geben. Am besten, wir treffen uns heute Nachmittag noch einmal in Ruhe für eine halbe Stunde."

So einfach kann es sein: Herr Solution hat den Widerstand durch eine konstruktive Gegenfrage abgefangen und in eine Vereinbarung umgesetzt. Er hat die Situation abgewogen: Die Präsentation vor dem Vorstand muss „sitzen", daher ist sein Feedback auch notwendig. Das gelingt ihm dadurch, dass er nicht auf den (vermeintlichen) Widerstand reagiert, sondern auf den Inhalt.

Mit der richtigen Fragetechnik können Sie dies erreichen. Hier weitere Beispiele dazu:

- „Das kann ich nicht machen." – „Unter welchen Umständen könnten Sie das machen?"
- „Das ist immer so gelaufen." – „Lief es auch mal anders?"

- „Das wird doch überall so gemacht." –„An wen denken Sie konkret? Wer ist ‚alle'?"
- „Das ist Unsinn. Das ergibt keine Qualität." – „Was meinen Sie konkret mit Unsinn?"

So fangen Sie sofort den ersten Druck ab, ohne Gegendruck zu erzeugen; die Gesprächssituation nimmt eine konstruktive Wende, eine gemeinsam Lösung wird wahrscheinlicher.

Aus Machtkämpfen aussteigen

In einem Machtkampf geht es nun nicht mehr um gemeinsame Probleme und Lösungen, sondern nur noch um Sieg und Niederlage – die Macht, die unteilbar ist oder scheint, wird anderen streitig gemacht. Wobei Macht zunächst an sich nichts Schlechtes ist. Es kommt jedoch darauf an, wie man sie einsetzt.

Jeder Mensch, der Verantwortung trägt, muss auch die Macht haben, im Rahmen dieser Verantwortung zu steuern. Dazu gehört, Maßnahmen ergreifen und Entscheidungen fällen zu können, denen sich andere unterzuordnen haben. Macht haben heißt aber nicht, keiner Kontrolle zu unterliegen und tun und lassen zu können, was man will. Aber es bedeutet, für die getroffenen Maßnahmen und Entscheidungen Rechenschaft abzulegen. Macht jedenfalls, die sich der Kontrolle entzieht, ist gefährlich.

Verstärkt den Druck: verdeckter Machtkampf

Machtkämpfe finden statt, wenn eine Person einer anderen die Macht offen oder verdeckt streitig macht. Solange es ein transparentes Verfahren dafür gibt, sind bestimmte Rituale festgelegt und eine Entscheidung zu einem bestimmten Zeitpunkt zu erwarten. Als Beispiel für offene und damit faire Machtkämpfe ließen sich politische Wahlen, Tarifauseinandersetzungen, Nachfolgeregelungen für Führungsposten, Personalratswahlen oder Kampfabstimmungen z. B. in Vereinen oder Verbänden anführen.

Verdeckte Machtkämpfe finden hingegen meist ohne Rituale statt. Und in sie werden die Beteiligten nicht immer freiwillig hineingezogen. Offiziell besteht gar kein Machtkampf, aber inoffiziell läuft der Schlagabtausch umso härter ab mit dem Ziel: „Du oder ich". Häufig werden diese Machtkämpfe über einen langen Zeitraum mit ungeheurem Einsatz von Energie und Kreativität, aber ohne greifbares Ergebnis geführt. Wozu die Macht benutzt wird, wenn sie schließlich bei einem der Beteiligten „gelandet" ist, kann natürlich auch nicht offen gelegt werden.

Verdeckte Machtkämpfe setzen beide oder alle Parteien enorm unter Druck, ohne dass offiziell darüber gesprochen wird. Wird das Thema angesprochen, wird es meist sehr offensiv geleugnet: „Ganz im Gegenteil, wir arbeiten prächtig zusammen!" oder „Nein überhaupt nicht, wir verstehen uns sogar sehr gut!", heißt es dann. Aussagen, die einen zumindest hellhörig werden lassen sollten. Hier wird eine gute Beziehung allzu stark betont, obwohl der Fragende doch offenbar einen Grund für eine Klärung sieht.

Verlassen Sie sich auf Ihr Gespür. Häufig kommt so eine „offensive Leugnung" auch nur von einem der Beteiligten. Das gibt doch zu denken – oder?

Was können Sie tun, wenn Sie in einen derartigen Machtkampf gezogen werden, noch dazu gegen Ihren Willen, oder unvermutet in einen hineingeraten sind?

So entziehen Sie sich Machtkämpfen

Konzentrieren Sie sich auf Ihr Gefühl: Entscheiden Sie, ob Sie den Machtkampf annehmen und ihn transparent und öffentlich führen wollen, oder ob Sie ihn lieber gar nicht erst aufnehmen wollen.

Suchen Sie dann das Gespräch mit Ihrem Gegner. Sprechen Sie an, dass Sie das Gefühl haben, er will Sie in einen Machtkampf ziehen. Wichtig: Behaupten Sie dies nicht, sondern stellen Sie Ihre Beobachtungen und Gefühle dar. Damit lassen Sie dem anderen eine Hintertür offen, sich noch zurückzuziehen. Sprechen Sie dann Ihre Zuversicht aus, dass Sie gemeinsam eine Lösung finden – und momentan die Situation noch ohne fremde Hilfe klären wollen.

Erhebt Ihr Gegner Einspruch, sollten Sie sich Ihre Gefühle und Beobachtungen nicht leichtfertig ausreden lassen. Versuchen Sie mit dem anderen herauszufinden, woran es liegt, dass er diese Gefühle bei Ihnen auslöst. Ihre Beobachtungen sollten dabei eher nach Feedback als nach Vorwurf klingen.

Leugnet der andere den Machtkampf trotz klarer Anzeichen hartnäckig, können Sie davon ausgehen, dass er auch nicht bereit ist, ihn offen zu führen. Dann fehlt ihm womöglich nicht nur der Mut, sondern auch eine Begründung für einen fairen Schlagabtausch. Teilen Sie in diesem Fall Ihrem Gegenüber Ihre Entscheidung mit. (Entweder Sie lassen sich auf einen öffentlichen, transparenten Machtkampf mit fairen Regeln ein oder Sie werden nicht um die Macht kämpfen – vielleicht weil Sie sie sowieso haben oder weil Sie sie nicht haben wollen.) Vereinbaren Sie außerdem, wie Sie zukünftig miteinander umgehen wollen. Ihr Ziel sollte sein, dass Sie Ihrem Gegenüber zeitnah mitteilen können, wenn sich bei Ihnen wieder entsprechende Gefühle einstellen bzw. wenn Sie aggressives Verhalten bemerken.

Nun ist Ihr Machtkampfpartner zumindest zur Vorsicht aufgerufen, weil

- Sie eine erste Stufe der Transparenz hergestellt haben und er nicht mehr so „ungeniert" agieren kann wie bisher,
- er damit rechnen muss, dass Sie sich damit auch an andere wenden, denn diese Option haben Sie ja implizit im Gespräch (s. oben) bereits eingeräumt.

Sorgen Sie weiterhin für Offenheit

Vorsicht: Solange Sie in irgendeiner Weise (mit) dafür sorgen, dass Ihr Konkurrent sich Ihnen unterlegen fühlt oder solange Sie irgendwelche Vorteile aus dem Machtkampf ziehen, etwa, indem Sie Schwächen des Gegners ausnutzen, um ihn auszustechen, sind Sie nicht wirklich aus dem Machtkampf ausgestiegen! Achten Sie also darauf, einen offen getroffenen Friedensschluss nicht „unter dem Tisch" zu boykottieren. Im „Untergrund" darf nicht weiter gekämpft werden! Das gilt auch, wenn Sie zum Beispiel einen Machtkampf von außen schlichten, oder ganz generell, wenn Sie die Kooperation in Ihrem Team, Ihrer Abteilung oder in anderen Gruppen verbessern wollen.

Sprechen Sie die Themen, die andere „unter dem Tisch verhandeln" wollen, offen an. Lassen Sie sich nicht beirren, wenn andere einen Machtkampf leugnen. Transparenz und Offenheit sind auf die Dauer die besseren Voraussetzungen für eine gute Kooperation.

Wenn Sie gemeinsam mit dem Gegner die Situation offen analysieren, werden Sie auch zu einer Lösung finden.

Beispiel

Erinnern Sie sich an Herrn Ahrens und Herrn Bruns? Die beiden sollten eine Vorstandspräsentation zusammenstellen, konnten sich aber nicht einigen, wie dies zu geschehen habe. Erst in einem Gespräch kommt heraus, welches Ziel Herr Ahrens verfolgt hat: Er wollte, dass auch seine Leistung beim Vorstand sichtbar wird. Herr Bruhns, der eigenmächtig beide Teile zusammengestellt hat, hegt keine Konkurrenzgedanken, sondern legt Wert auf einen geordneten Ablauf und eine gute Leistung. Die Kollegen vereinbaren schließlich mit ihrem Vorgesetzten, dass auch zukünftig eine gemeinsame Vorlage erstellt wird, die Herr Ahrens in Vertretung für Herrn Bruhns beim Vorstand präsentiert. Bislang hatte der Vorgesetzte diese Aufgabe im Vertretungsfall selbst übernommen. So erhält Herr Ahrens auch ab und zu Gelegenheit, seine eigene Leistung zu präsentieren.

Eine Klärung gelingt Ihnen also nur, wenn die Dinge offen ausgesprochen werden. Das mag Ihnen – je nachdem, welche Grundstrebung Ihnen am nächsten ist – nicht immer ganz leicht fallen. Aber es lohnt sich, solche Lösungswege zu trainieren. Suchen Sie sich einen Gesprächspartner, mit dem Sie die Art und Weise, in der Sie die Dinge in solch heiklen Gesprächen offen legen wollen, einüben können. Je sicherer Sie sich sind, dass für Sie der Weg der Kooperation der bessere ist, umso leichter werden Ihnen solche Gespräche fallen.

Wenn Sie sich unterlegen fühlen

Bleibt bei Ihnen häufiger das Gefühl, der Unterlegene zu sein, sollten Sie sich damit intensiver auseinander setzen. Es ist sicher kein schönes Gefühl, der Verlierer zu sein. Aber es gibt sicher einen Grund dafür, auch wenn er Ihnen nicht bewusst ist.

- Vielleicht fällt es Ihnen leichter, sich mit der Unterlegenheit abzufinden, als Ihre Partner auf unfaires Verhalten hinzuweisen und mit ihnen einen Konflikt zu riskieren?
- Vielleicht wollen Sie auch erreichen, dass Sie keine zu hohen Erwartungen an sich stellen müssen, um später nicht von sich enttäuscht zu sein?
- Vielleicht fällt es Ihnen unbewusst leichter, andere für Ihre Situation verantwortlich zu machen, als sich selbst mit der Frage nach den Konsequenzen für Ihr eigenes Verhalten auseinander zu setzen?

Es ist nicht leicht, sich ehrlich mit diesen Fragen auseinander zu setzen. Eine gründliche Analyse gibt Ihnen jedoch wichtige Hinweise darauf, wie Sie mit dem Unterlegenheitsgefühl besser zurechtkommen. Eine Unterstützung durch einen Berater oder Coach, insbesondere zur Herausarbeitung Ihrer individuellen Potenziale und deren Entwicklung, kann Ihnen hier ebenfalls weiterhelfen. Im Prinzip geht es darum, die Verantwortung nicht abzuschieben, Ihr Selbstwertgefühl zu stärken und neue Ressourcen zu entdecken.

Bleiben Sie gelassen und flexibel

Wissen Sie, wie viel der Hamburger „Telemichel" (Heinrich-Hertz-Turm) am oberen Ende schwankt? Es sind bei starkem Wind bis zu 1,50 Meter! Was würde wohl bei Wind passieren, wenn er nicht schwanken würde? Genau – ab einer bestimmten Windstärke würde er einstürzen. Was zeigt das für Drucksituationen? Ganz einfach: Durch Flexibilität wird Stabilität erzeugt. Machen Sie sich diese naturwissenschaftlichen Gesetze zu Eigen. Lassen Sie locker und zeigen Sie sich beweglich und flexibel. Reagieren Sie gelassen auf Veränderungsbedarf. Es gibt oft viel mehr Wege ans Ziel, als wir uns vorstellen können. Bauen Sie bei Druck nicht automatisch Gegendruck oder Widerstand auf. Suchen Sie nach neuen Lösungen. Um die Wege bestimmen zu können, müssen Sie allerdings auch Ihre Ziele kennen, Ihre Bedürfnisse und Prioritäten. Denn Ihre inneren Werte sollten Sie bei aller Flexibilität nicht aufgeben. Dazu nun unser letzter Abschnitt.

Ziele verwirklichen

Nach den praktischen Strategien gegen Belastung und Druck lernen Sie nun, wie Sie durch die richtige Ziel- und Prioritätensetzung Ihr Leben in Zukunft noch bewusster, gelassener und erfolgreicher meistern.

Lebensprioritäten setzen

Am Ende des letzten Abschnitts haben wir geraten, dass Sie Druck letztlich immer gut begegnen können, indem Sie loslassen. Doch loslassen können Sie erst, wenn Sie wissen, was Ihnen wichtig ist und worauf es Ihnen im Leben ankommt. Kennen Sie Ihre Prioritäten? Mit der folgenden Übung werden Sie sie schnell herausfinden.

Wer nicht weiß, wo er hin will, muss sich nicht wundern, wenn er woanders ankommt.

Übung: Meine Lebensprioritäten

Stellen Sie sich vor, Sie haben Ihr 65. Lebensjahr vollendet und lassen nochmals Ihr Leben Revue passieren. Welche Priorität hatten die im Folgenden aufgeführten Punkte in Ihrem Leben? Sie können bis zu drei Punkte ergänzen (bitte nicht mehr). Vergeben Sie dann Wertungen auf einer Skala von 1 (unwichtig) bis 15 (sehr wichtig).

Was mir wichtig war	**Punkte**
Ich war erfolgreich in meinem Beruf.	
Ich habe mit meiner Arbeit viel Geld verdient.	
Ich habe eine Spitzenposition in meinem Berufsstand erreicht.	
Ich habe anderen geholfen und meine Erfolge mit ihnen geteilt.	
Ich bin Vorstand (oder Vergleichbares) geworden.	

Ich konnte mir Statussymbole (Auto etc.) leisten.	
Ich habe die Beziehung zu meinen Freunden gepflegt.	
Die beste Zeit meines Lebens habe ich mit meiner Familie verbracht.	
Ich habe mir Zeit genommen, die Beziehung zu meinem Partner zu entwickeln und zu pflegen.	
Ich habe viele Traumurlaube gemacht.	
Ich habe außerhalb der Arbeit vieles kennen gelernt, was mein Leben bereichert hat.	
Ich empfand jeden Tag als neues Abenteuer.	
Ich habe ein Buch geschrieben (ein Haus gebaut / Geige spielen gelernt / promoviert / die Welt umsegelt / ...).	
Ich habe sehr auf meine Gesundheit geachtet.	
Ich habe, als meine Kinder noch klein waren, so viel Zeit wie möglich mit ihnen verbracht.	

Sie haben nun Ihre wichtigsten Lebensprioritäten für sich herausgefunden. Das sind die „Bauplätze", auf denen Sie Ihre Türme in den Himmel des Lebens bauen. Verlieren Sie sie nicht aus den Augen. Denn ohne festen Grund kann auch ein Bauwerk wie der Telemichel keine Stärke beweisen. Setzen Sie Ihre Energie entsprechend ein. Denn wenn Sie Ihre Ressourcen nicht auf die wichtigsten Prioritäten bündeln, werden Sie am Ende keines Ihrer Ziele erreicht haben.

Prioritäten umsetzen

Planen Sie nun im nächsten Schritt, wie Sie diese Prioritäten Wirklichkeit werden lassen wollen.

Zu planen bedeutet nicht, dass Sie nicht auf unvorhersehbare Veränderungen reagieren dürfen. Ein Plan ist nur solange ein guter Plan, wie er die erkennbaren Rahmenbedingungen berücksichtigt. Spätestens, wenn neue Ereignisse eintreten oder Sie neue Erkenntnisse gewinnen – unabhängig davon ob sie vorhersehbar waren oder nicht – müssen Sie ihn überarbeiten. Ein Plan ist also ein bewegliches Instrument und kein starres unflexibles Raster.

▪ *Ein Plan ist dazu da, seine Ressourcen strukturiert und zielstrebig einzusetzen, um sie auf die wichtigsten Ziele zu konzentrieren.* ▪

Entwerfen Sie einen Plan

Sie haben täglich mit Projektmanagement und Zielplanung zu tun? Dann ist es ja nicht schwer, Ihre Prioritäten in einen Plan oder einen Maßnahmenkatalog umzusetzen, oder? Leider ist es jedoch etwas völlig anderes, ob man für andere oder für sich plant. Wer zum Beispiel Projektplanung macht, für das strategische Management einer Organisation oder für eine operative Ziel- und Budgetplanung verantwortlich ist, befasst sich nicht immer automatisch so überlegt mit seinen Lebenszielen und ihrer Umsetzung. Daher haben wir für die Lebensplanung das Instrument des kreativen Langzeitplans entwickelt. (Und festgestellt, dass er sich übrigens auch für die Entwicklung von Unternehmensstrategien hervorragend eignet.) Und so können Sie beginnen:

Der kreative Langzeitplan

1 Entspannen Sie sich fünf Minuten. Lauschen Sie dem Geräusch Ihres Atems, der ein- und ausströmenden Luft.

2 Wenn Sie sich entspannt fühlen, schließen Sie die Augen und stellen sich eine große Kinoleinwand vor.

3 Sowie Sie die Kinoleinwand vor Ihrem geistigen Auge sehen, suchen Sie sich einen Punkt in der Zukunft (z. B. in 20 Jahren) aus und stellen Sie Ihre Situation zu diesem Zeitpunkt vor. Beobachten Sie alle Umstände der Situation bis ins Detail.

4 Stellen Sie sich jetzt vor, dass Sie selbst in dieses Bild hinein steigen.

5 Halten Sie fest, was Sie um sich herum wahrnehmen. Was sehen Sie? Welche Personen sind beteiligt? Welche Geräusche hören Sie? Wie empfinden Sie die Stimmung? Stellen Sie sich auch ruhig konkrete Hintergründe vor, zum Beispiel Ihre finanzielle Situation, Ihr Ansehen etc. Notieren Sie alles auf einem Blatt Papier.

6 Halbieren Sie nun den ursprünglichen Zeitabstand und denken Sie an den neuen Zeitpunkt (also 10 Jahre; Sie können auch ein anderes Zeitintervall wählen, das Ihnen zusagt). Formen Sie auch hiervon wieder ein genaues Bild. Nehmen Sie alle visuellen, auditiven und emotionalen Eindrücke in sich auf und notieren Sie sie.

7 Dann halbieren Sie den Zeitraum erneut, stellen sich diese Situation vor, notieren die Umstände und Eindrücke, und so weiter, bis Sie im Hier und Jetzt angelangt sind.

Ihre Notizblätter sind die „Straßenkarte" Ihrer Wunschvorstellungen. Damit diese in eine konkrete Planung münden, müssen Sie Ziele, Teilziele und Maßnahmen zu deren Erreichung festlegen. Beginnen Sie von unten und übertragen Sie wichtige Eckdaten aus dem letzten Notizzettel in Ihr Kalendarium. Legen Sie sich Ihre „Straßenkarte" in die Wiedervorlage auf das Enddatum des ersten Abschnitts. Wenn sich gravierende Veränderungen Ihrer Situation ergeben, überarbeiten Sie die Vorlage. Aber wichtig ist: Bleiben Sie immer am Ball!

Komfortzonen überwinden, Lebensqualität gewinnen

Eigentlich wissen Sie jetzt, was Sie wollen. Sie haben sich ja Ziele gesetzt. „Eigentlich wollte ich ..." – kennen Sie das?

Die konkreten Umsetzungsschritte fallen oft schwer, befindet man sich doch auf der Schwelle zwischen Veränderung und Beharrung. Man könnte auch sagen, zwischen Einsicht und dem innerem Schweinehund. „Zwei Seelen wohnen, ach! in meiner Brust", ließ schon Goethe den Faust sagen.

Beispiel
Vera will bis zum Sommer unbedingt 5 Kilo abnehmen. Jeden Morgen auf der Waage nimmt sie sich vor, nach der Arbeit noch Fahrrad zu fahren

oder wenigstens vom Bahnhof die 1,5 Kilometer zu Fuß zu gehen, anstatt den Bus zu nehmen. Doch die Realität sieht anders aus: Abends, wie immer, ist es wieder später geworden. Und wieder einmal nimmt sie den Bus und entschließt sich, heute nur noch vor dem Fernseher abzuhängen.

Karl Ender ist verzweifelt. Es ist Freitagmittag und der Schreibtisch quillt über von Mappen, die er noch bearbeiten muss. Etwa die Hälfte kam heute noch herein. Wie oft wollte er sich schon im Kalender den Freitag für Büroarbeit frei halten, aber umgesetzt hat er es bis heute nicht.

Wie kommen Sie aus solchen Dilemmata heraus? Zunächst einmal, ganz einfach, mit konkreten Absprachen „mit sich selbst" und dem festen Vorsatz, Ausreden nicht gelten zu lassen. Der Einstieg in ein solches neues Programm fällt leichter, wenn man ein gut verträgliches und realistisches Maß findet. Je konkreter solche Absprachen übrigens ausfallen, desto besser. Dann fällt es noch schwerer, das Vorhaben ausfallen zu lassen.

Beispiel

Damit könnte sich auch Vera behelfen. Sie könnte festlegen, an welchen Tagen sie mit dem Bus fährt und wie viele Kilometer sie in der Woche Fahrrad fährt, z. B. 2–3 Mal die Woche Spaziergang, 20 Kilometer Radfahren pro Woche. Um sich bei schlechtem Wetter nicht drücken zu können, könnte sie Regenkleidung oder den Schirm mitnehmen. Zu den Spaziergängen könnte sich Vera auch mit anderen verabreden.

Bei Karl Ender liegt die Sache etwas anders. Er muss sich klar machen, dass sein Zeitdruck nicht erst am Freitag beginnt. Für ihn gibt es (mindestens) folgende Dinge zu tun:

- Er sollte sich vor Augen führen, wie schön es wäre, die Woche ohne Zeitdruck zu beenden. Daran sollte er bereits am Montag und jeden folgenden Tag mit Hilfe eines Memos denken.
- Er muss konkret werden und sofort die nächsten freien Freitage für Büroarbeit blocken.

- Eine dreiminütige Planungsphase jeden Morgen nutzt er dazu, Prioritäten festzulegen.
- Er kann sich durch Absprachen mit anderen unter größeren Handlungsdruck setzen (z. B. durch das Versprechen, dass alle Vorgänge, die am Donnerstag auf seinem Schreibtisch landen, in der gleichen Woche mit größter Wahrscheinlichkeit noch erledigt werden.)

Die beiden kämpfen mit einem alt bekannten Phänomen: Sie haben sich eingerichtet in der „Komfortzone", d. h. es geht ihnen eigentlich ganz gut, es gibt keinen unmittelbaren äußeren Druck. Unter diesen Umständen fallen Veränderungen besonders schwer. Der Ausbruch aus der Komfortzone erfordert zusätzliche Kraft, die wir meistens nur dann aufbringen, wenn es unbedingt erforderlich ist. Leider gehört dazu auch viel Konsequenz. Schon ein Rückschlag (bei Vera etwa zwei Tage ohne Bewegung), und der ganze Anfangserfolg versinkt im Frust. Wie viele Diäten scheitern an genau diesem Widerstand! Doch es gibt einen Ausweg!

Der Komfortzone entkommen

Wie im Kapitel „Entwickeln Sie sich von der Minus- zur Plus-Situation" (S. 62) schon erwähnt, gibt es immer unbewusste Gründe, die darauf hinwirken, dass trotz besserer Einsicht ein bequemer Weg fortgesetzt wird. So tritt gegen die Sicherheit einer gewohnten Verhaltensweise die Unsicherheit einer neuen an.

Doch die Gründe liegen in der Regel tiefer – und sind oft irrational. Um dies zu erkennen, muss man seine „alten" Verhaltensmuster gründlich reflektieren.

Beispiel
Welchen unbewussten Vorteil müssen Vera und Karl Ender eigentlich aufgeben, wenn sie die Veränderung wählen würden? Vielleicht merkt Vera, dass sie eigentlich mit ihrer „Komfortzone Übergewicht" vor allem gegen ihre Mutter opponiert, die ihr ständig Vorwürfe macht: „Abnehmen ist doch ganz einfach! Mit der Figur findet man eben nichts Hübsches zum Anziehen …" Viel besser fährt Vera, wenn sie sich völlig unabhängig von der Mutter für das Abnehmen entscheidet, und das mit ganz eigenen Zielen (ohne Scham ins Schwimmbad gehen, gesünder leben, attraktiver sein, etc.).

Analog könnte Karl Ender feststellen, dass er sich oder anderen eigentlich gar nicht beweisen muss, wie fleißig und unentbehrlich er ist (was er vermeintlich mit dem vollen Schreibtisch ständig beweist). Vielmehr könnte er innere Befriedigung daraus ziehen, dass er am Ende der Woche einen leeren Schreibtisch und sich damit sein Wochenende redlich verdient hat.

■ *Es gibt viele unbewusste Gründe, die uns in bestimmten Situationen davon abhalten, der besseren Einsicht entsprechend zu handeln. Wenn es Ihnen auch so geht, machen Sie sich diese Gründe klar!* ■

Die Plus-Minus-Methode

Unten finden Sie eine Tabelle. Schreiben Sie an das untere Ende das Problem, das Sie bewältigen wollen. Oben notieren Sie das Ziel, das Sie erreichen wollen. Nun schreiben Sie in die linke Spalte alle Gründe, die dafür sprechen, dieses Vorhaben umzusetzen. In der mittleren Spalte führen Sie die Gründe auf, die Sie an der Umsetzung hindern könnten.

Fangen Sie damit gleich an. Erst wenn Sie diesen Teil erledigt haben, lesen Sie die Übungsanweisungen weiter unten.

Mein Vorhaben:		
Dafür spricht	Gründe, die mich an der Umsetzung hindern könnten	
Mein Problem:		

Haben Sie wirklich alle Gründe benannt? Listen Sie jetzt in der rechten Spalte die Chancen, Möglichkeiten und Mittel auf, die Ihnen zur Verfügung stehen und Ihnen helfen können, den Umsetzungsschwierigkeiten zu begegnen und das Ergebnis sicher zu erreichen. Tragen Sie deshalb über der Spalte 3 ein: „Chancen, Möglichkeiten und Mittel, die Umsetzung zu erreichen". Schreiben Sie möglichst viele Ideen auf. Wenden Sie diese Methode bei wichtigen Vorhaben an! Und nun setzen Sie Ihr Vorhaben um!

Legen Sie ein Memo an und treffen Sie Absprachen

Fertigen Sie sich zur Unterstützung ein Memo an – ein kleines Symbol oder einen Zettel für das Büroregal, das Portemonnaie oder den Badspiegel, auf dem Sie sich den Zielzustand notieren. So haben Sie ihn stets vor Augen. Formulieren Sie das Memo im Präsens. Das ist wirkungsvoller.

Beispiel

„Ich laufe jeden Montag, Mittwoch und Samstag nach der Arbeit eine halbe Stunde."
„Ich trage Planungszeiten für Besprechungen am Vortag (jeden Wochenanfang) in den Kalender ein."
„Ich fahre spätestens um 19.00 Uhr aus dem Büro weg."
„Wenn ich nach Hause komme, nehme ich mir eine Stunde Zeit nur für die Familie. Nur am Mittwoch fahre ich gleich zum Tennis."

Alles, was Sie nur mit sich allein abmachen, können Sie auch viel leichter wieder aufgeben. Daher sind Ziele, die Absprachen mit anderen aus Ihrem Umfeld erfordern – sei es im Büro, mit der Familie oder mit Freunden – wesentlich wirkungsvoller:

- Absprachen schaffen Verbindlichkeit, die Sie bei der Umsetzung Ihrer Vorhaben unterstützen.
- Sie stiften ein Gemeinschaftsgefühl.
- Mit Absprachen können Sie prüfen, ob Ihr Umsetzungsplan „sozial verträglich" ist. Wenn es Gründe gibt, die gegen den Wunsch oder die Erwartung Ihrer Umwelt stehen, werden Sie es jetzt sofort erfahren.

Beispiel
Sie haben sich vorgenommen, immer pünktlich nach Hause zu fahren und die erste freie Stunde für die Familie zu reservieren. Nun könnte es passieren, dass Ihre Frau Ihnen sagt, dass ihr das gar nicht so entgegenkommt. Denn dadurch wäre sie in den Nachmittagsstunden viel eingeschränkter, sich mit anderen Müttern und Kindern zu verabreden. Sie werden also gemeinsam darüber nachdenken, wie Sie täglich mehr Zeit mit der Familie verbringen können, ohne den Freiraum Ihrer Frau einzuschränken.

Versuchen Sie auf diesem Wege mit sich und Ihrer Umwelt in Einklang zu kommen und im Einklang zu bleiben. Es wird immer wieder Veränderungsbedarf geben, weil sich die Rahmenbedingungen in Ihrem Leben auch immer wieder verändern werden. Vielleicht haben Sie gerade eine neue Stelle angetreten oder Ihren Verantwortungsbereich verändert? Vielleicht ist gerade Nachwuchs bei Ihnen angekommen oder das (letzte) Kind ist aus dem Haus gegangen, um einen eigenen Haustand zu gründen. Es gibt viele Dinge im Leben, die erfordern, dass Sie den Einklang mit der (sozialen) Umwelt „nachjustieren" müssen.

Das Leben aus der Vogelperspektive betrachten

Nehmen Sie sich ab und zu die Zeit, sich Ihre Lebenssituation anzuschauen. Stellen Sie sich vor, Sie besteigen einen Helikopter und fahren über Ihre Welt. Sie können von oben sehen, wie Sie Ihr Leben gestalten. Sie sehen sich zur Arbeit fahren und wieder nach Hause kommen. Auf dem Weg erledigen Sie noch die Einkäufe. Sie sehen alle Ihre Freunde, Bekannten, Kollegen und Familienmitglieder und Sie sehen sich, wie Sie agieren. Stellen Sie sich nun die Fragen:

- Wie geht es mir eigentlich?
- Bin ich eigentlich mit meiner beruflichen und/oder privaten Situation oder der Balance zwischen beiden zufrieden?
- Bin ich eigentlich noch auf dem Weg, meine Lebensprioritäten zu verwirklichen?

Sich diese Fragen immer wieder zu stellen, hilft Ihnen, die Orientierung im eigenen Leben nicht zu verlieren. Ziehen Sie öfter Bilanz und „justieren" Sie Ihren Einklang mit der Welt nach. Sie werden merken, wo etwas nicht stimmt, wenn Sie ehrlich mit sich selbst sind. Nutzen Sie die Chance, selbst das Steuerrad in die Hand zu nehmen – auch wenn Schicksalsschläge Sie treffen oder getroffen haben. Sie können tragisch und schmerzhaft, sie können aber auch fröhlich, befreiend und belebend sein.

Nur Sie selbst können Ihr Leben steuern – vergeben Sie diese Chance nicht.

Krisenkompetenz erwerben

Zur Krisenkompetenz gehört nicht nur, souverän mit Krisen umzugehen, sondern auch alles dafür zu tun, um Krisen gar nicht erst entstehen zu lassen. Krisenforscher haben festgestellt, dass es in den meisten Fällen schon vorher Warnsignale gab, die überhört, übersehen oder einfach nicht genügend beachtet worden sind. Auch die Einrichtung in der Komfortzone kann dazu führen, dass Sie Krisensymptome ignorieren. Wache, interessierte und zum Teil auch kritische Blicke um sich herum und in sich hinein sind Ihre Seismographen, um Krisenentwicklungen wahrzunehmen. Nehmen Sie Ihre Beobachtungen ernst. Vertrauen Sie sich und entwickeln Sie rechtzeitig alternative Wege. Stellen Sie sich darauf ein, dass alles ganz anders kommen kann, als Sie es geplant haben. Kein Mensch hat alles im Griff, auch wenn uns manche Menschen das suggerieren möchten.

Kompetent mit Krisen umzugehen, heißt:

- wachsam Krisensignale wahrzunehmen und sie ernst zu nehmen;
- notwendige Veränderungen rechtzeitig (!) anzustoßen;
- alternative Pläne vorzubereiten oder zumindest einzukalkulieren;
- zu akzeptieren, dass nicht alle Krisen zu vermeiden sind, und wenn sie eintreten, sie „anzunehmen" und nicht zu leugnen oder zu bagatellisieren;
- die Sicherheit in sich zu spüren, dass Sie viel Lebenserfahrung und Fähigkeiten besitzen, die Sie zur Krisenbewältigung einsetzen können;
- so gut zu sein, wie möglich: mit allen Sinnen zu spüren und die Zuversicht nicht aus den Augen verlieren, dass Sie eine unendliche „schöpferische Kraft" in sich haben, die Ihnen dabei helfen wird, den richtigen Weg aus der Krise zu finden.
- überstandene Krisen auszuwerten.

Lernen Sie aus Krisen

Überstandene Krisen machen Sie erfahrener und helfen Ihnen, auch in anderen Drucksituationen Stärke zu zeigen. Werten Sie Krisen aus, indem Sie kritisch prüfen, ob Sie die obigen Regeln beherzigt haben. Prüfen Sie insbesondere, ob es Warnsignale gab, die Sie nicht wahrgenommen haben. Fragen Sie sich, ob Sie alle Ihre Kompetenzen eingesetzt und die Hilfe anderer richtig, rechtzeitig und angemessen in Anspruch genommen haben. Ziehen Sie Schlussfolgerungen aus der Krise und überlegen Sie, wie Sie ähnliche Krisen im Vorfeld vermeiden können.

Wenn Sie diese Auswertung ernsthaft betreiben, werden Sie einen kontinuierlichen „persönlichen Verbesserungsprozess" in Gang bringen, sowohl privat als auch im Beruf. Sie werden Ihre Leistungsfähigkeit steigern und auch aus negativen Erfahrungen Nutzen ziehen.

Und vor allem: Behalten Sie Ihren Humor und entwickeln ihn weiter, denn Humor ist ein hervorragendes Mittel, Drucksituationen zu entspannen. In diesem Sinne:

Was in der Theorie richtig ist – muss in der Praxis nicht unbedingt falsch sein!

Wir wünsche Ihnen viel Erfolg bei der Umsetzung der gewonnenen Einsichten!

Stichwortverzeichnis